Mosaik
bei GOLDMANN

Buch

Eine gute Gesundheit ist nicht vom Alter abhängig. Während der über siebzigjährigen Tätigkeit auf den Gebieten der Gesundheit und Ernährung hat Dr. Norman W. Walker bewiesen, daß Wohlbefinden und ein langes Leben Hand in Hand gehen. Schon um die Jahrhundertwende begann Dr. Walker in London sich für eine gesündere Lebensführung zu interessieren. Er versuchte die Ursachen für Krankheit und Gesundheit der Menschen zu erforschen. 1910 gründete er in New York das Norwalk-Laboratorium für Ernährung und Forschung. Sein größter Beitrag war hier 1930 die Entdeckung des therapeutischen Wertes von Obst- und Gemüsesäften.

Aus dem Inhalt:
- Sie sind nie zu alt, um jünger zu werden!
- Kohlenhydrate, Getreide, Zucker und Milch
- Richtige Lebensmittelkombinationen
- Fasten, Säfte, richtig kombinierte Mahlzeiten

Autor

Dr. Norman W. Walker war einer der bedeutendsten Gesundheitsärzte und Ernährungsforscher in den USA. Als einer der ersten wies er auf die gesundheitsfördernde Wirkung von Obst- und Gemüsesäften hin. Dr. Walker hat das letzte seiner zahlreichen Bücher im Alter von 113 Jahren geschrieben. Er war bis zu seinem Tod im 116. Lebensjahr im Vollbesitz seiner Kräfte, machte Haus- und Gartenarbeit und fuhr als über Hundertjähriger noch immer mit dem Fahrrad.

Von Dr. Norman W. Walker sind bei Goldmann außerdem erschienen

Täglich frische Salate erhalten Ihre Gesundheit (13681)
Frische Frucht- und Gemüsesäfte (13694)

DR. NORMAN W. WALKER

Auch Sie können wieder jünger werden

Mosaik
bei GOLDMANN

Die hier vorgestellten Informationen sind nach bestem Wissen und Gewissen geprüft, dennoch übernehmen der Autor und der Verlag keinerlei Haftung für Schäden irgendeiner Art, die sich direkt oder indirekt aus dem Gebrauch der hier vorgestellten Anwendungen ergeben. Bitte beachten Sie in jedem Fall die Grenzen der Selbstbehandlung und nehmen Sie bei Krankheitssymptomen professionelle Diagnose und Therapie durch ärztliche oder naturheilkundliche Hilfe in Anspruch.

Umwelthinweis:
Alle bedruckten Materialien dieses Taschenbuches
sind chlorfrei und umweltschonend.

8. Auflage
Genehmigte Taschenbuchausgabe 1993, 1999, 2002
Wilhelm Goldmann Verlag, München
ein Unternehmen der Verlagsgruppe Random House GmbH
© 1991 by Waldthausen Verlag, Ritterhude
in der Natura Viva Verlags GmbH, Weil der Stadt
Originaltitel: Become younger
Umschlaggestaltung: Design Team München
unter Verwendung eines Fotos von:
Bavaria/VCL
Druck: GGP Media GmbH, Pößneck
Verlagsnummer: 13693
SK · Herstellung: Sebastian Strohmaier
Printed in Germany
ISBN 3-442-13693-8
www.goldmann-verlag.de

Inhaltsverzeichnis

Vorwort

Dr. Walker war einer der bedeutendsten Gesundheitsärzte und Ernährungsforscher in den USA. Seine Bücher waren Vorbild für viele Ärzte, Forscher und Autoren. Auch *Harvey* und *Marilyn Diamond,* die Autoren des Bestsellers *»Fit für's Leben«,* nutzten die Erfahrungen von *Dr. Walker* für ihre Ernährungsstudien.

Dr. Walker wies als einer der ersten auf die gesundheitsfördernde Wirkung von Obst- und Gemüsesäften hin, und seine vielen Veröffentlichungen trugen wesentlich dazu bei, daß heute fast in jedem amerikanischen Haushalt viel Saft getrunken wird. In den meisten Fällen sind es aber leider pasteurisierte Fabriksäfte und keine frischgepreßten Säfte.

Dr. Walkers Bücher sind von so großer, grundlegender Bedeutung, daß jeder Gesundheitssuchende sie gelesen haben sollte. Deshalb haben wir diese Bücher übersetzen lassen und werden sie im Laufe der Jahre 1990/1991 nach und nach veröffentlichen.

Die wichtigsten Titel sind:

»Strahlende Gesundheit«
»Wasser kann Ihre Gesundheit zerstören«
»Täglich frische Salate erhalten Ihre Gesundheit«
»Frische Frucht- und Gemüsesäfte«
»Darmgesundheit ohne Verstopfung«
»Natürliche Gewichtskontrolle«

Dr. Walker hat das letzte Buch im Alter von 113 Jahren geschrieben. Er war bis zu seinem Tode im 116. Lebensjahr im Vollbesitz seiner Kräfte, machte Haus- und Gartenarbeiten und fuhr als über Hundertjähriger immer noch mit dem Fahrrad.

Dr. Walker überlebte seine Kritiker und Spötter und gilt heute als Wegbereiter einer natürlichen, gesunden Lebensweise.

Manfred G. Langer

Kapitel 1
Sie sind nie zu alt,
um jünger zu werden

Sie sind, was Sie essen, und Sie sind so jung (oder so alt), wie Sie sich fühlen. Jahre haben überhaupt nichts mit dem Alter eines Menschen zu tun, außer daß sie verstrichene Zeit registrieren. Man kann alt sein mit Dreißig, und man kann jung sein mit Siebzig. Der Zustand des Körpers drückt unmittelbar aus, welchen psychischen und physischen Einflüssen er in der Vergangenheit ausgesetzt war.

Ich betone die Rolle seelischer Einflüsse, weil die seelische Verfassung von lebenswichtiger Bedeutung für den Zustand eines jeden Menschen ist. Man kann nicht gesund sein, wenn man ständig an Beschwerden und Krankheiten denkt. Man kann nicht glücklich und gleichzeitig voll düsterer Gedanken sein. Man kann nicht jung sein und zugleich voller Furcht vor den Krankheiten des Alters.

Jung sein bedeutet, über alle oder die meisten der folgenden Merkmale zu verfügen: Jugendlichkeit, Gesundheit, Energie, Vitalität und ein ständiges Lachen auf den Lippen und in den Augen. Es bedeutet, freundlich, herzlich und höflich gegenüber jedermann zu sein, ohne Ansehen des Glaubens, der Hautfarbe oder der sozialen Stellung. Es bedeutet, ständig aktiv zu sein, viele Eisen im Feuer zu haben, damit es keinen Augenblick gibt, den man als Last empfindet.

Das ist die seelische Seite, an der wir arbeiten müssen, um jünger zu werden und jung zu bleiben.

Körperlich sieht es einfacher aus, aber auch hier sind Entschlossenheit und Willenskraft erforderlich. Hier geht es darum, den Körper neu aufzubauen und zu regenerieren. Das ist in Wirklichkeit viel einfacher, als es zunächst erscheint; aber es erfordert Zeit, Geduld und Ausdauer. Es ist zu einfach, nach dreißig, vierzig oder fünfzig Jahren zu sagen:

>*Hätte ich doch meine Jugend bewahrt.*«
>*Sähe ich doch wenigstens ein paar Jahre jünger aus.*«
>*Ich wünschte, diese Falten würden verschwinden.*«
>*Ich wünschte, meine Haut wäre nicht so schlaff.*«
>*Ich wollte …*«

Ja, wir wünschen und wünschen und wünschen, bis wir in Panik geraten und nach künstlichen Mitteln greifen, um die Auswirkungen des Alters zu verbergen, Mittel, mit denen wir uns selbst eine ganze Weile lang betrügen können – nie aber unsere Mitmenschen.

Jünger werden – ist das Ihr Problem? Sie selbst müssen es lösen, niemand kann es Ihnen abnehmen. Jünger werden ist kein Geheimnis. Es bedeutet einfach nur, den gesunden Menschenverstand zu gebrauchen und sich in Selbstdisziplin zu üben.

Um jünger zu werden, müssen wir gesund sein. Das bedeutet viel mehr als nur *sich wohlfühlen*. Wir müssen unsere Anatomie ebenso kennen- und verstehen lernen, wie ein Automechaniker sein Auto kennt.

Wissen Sie, warum Sie essen und trinken müssen?

Kennen Sie den Unterschied zwischen Nahrungs- und Lebensmitteln?

Wissen Sie, was sich in Ihrem Körper abspielt, während Sie essen, und was Stunden danach geschieht?

Wissen Sie, warum Sie atmen?

Wissen Sie, was geschieht, wenn die Luft, die Sie einatmen, in Ihre Lungen gelangt?

Haben Sie eine Ahnung, was vor sich geht, wenn Sie die Luft aus Ihren Lungen ausstoßen?

Wissen Sie, warum Sie Schlaf und Ruhe brauchen?

Wissen Sie, warum und wie der Körper Stoffwechselschlakken beseitigt?

Wissen Sie, was geschieht, wenn die Schlacken nicht ausgeschieden werden?

Haben Sie sich jemals müde, lustlos oder erschöpft gefühlt? Kennen Sie die Ursachen dafür?

Haben Sie schon einmal Kopfschmerzen gehabt?

Wissen Sie, was sie verursacht? Wissen Sie, welchen Schaden Aspirin und ähnliche Mittel anrichten und wie sie das Altern beschleunigen?

Haben Sie Probleme mit Hämorrhoiden? Kennen Sie ihre Ursache? Haben Sie eine Ahnung, wie sie nicht nur Ihren ganzen Organismus, sondern auch Ihre Moral beeinträchtigen? Wissen Sie, daß die Entfernung von Hämorrhoiden durch einen chirurgischen Eingriff oder mit Elektronadeln den Zustand nur verschlimmert und daß sie sowieso meist nach ein oder zwei Jahren wieder auftauchen?

Plagen Sie Herzbeschwerden? Wissen Sie, daß angebliche Herzbeschwerden in den meisten Fällen nichts mit dem Zustand des Herzens zu tun haben, sondern mit etwas anderem, was vielleicht einfach zu beseitigen ist? Wissen Sie, daß solche Beschwerden meistens die Folge des Verzehrs bestimmter Nahrungsmittel sind?

Glauben Sie, daß all die Angebote von Nahrungsmitteln und Medikamenten, von denen Sie lesen und über das Radio oder das Fernsehen erfahren, wahr und nützlich sind? Dann irren Sie sich gewaltig. Das meiste beruht auf Halbwahrheiten oder ist schlicht unwahr. Die meisten derart angeboteten Nahrungsmittel, vor allem die stärke- und zuckerhaltigen, und der größte Teil der Medikamente tragen eher dazu bei, unser Leben zu verkürzen. Lernen Sie, zwischen Wahrem und Unwahrem zu unterscheiden!

Um jünger zu werden, brauchen wir Energie. Dazu müssen wir einfache Regeln kennen und anwenden, wie wir Energie erzeugen und speichern können. Machen Sie sich Sorgen und lassen Sie sich von Dingen beunruhigen, auf die Sie keinen Einfluß haben? Wissen Sie, daß Sie damit Energie schneller verbrauchen, als Sie ansammeln können? Wissen Sie, daß solche Sorgen die größten Feinde der Jugendlichkeit sind?

Erledigen Sie Ihre Arbeit ohne Rücksicht auf Ihre Kraft und ohne Rücksicht auf Pausen? Ist Ihnen klar, daß Sie damit Ihre Energie verschwenden – auf Kosten Ihrer Jugendlichkeit und Ihrer Leistungsfähigkeit?

Wissen Sie, in welchem Ausmaß die Qualität der Luft in Ihren Lungen Ihre Energie herabsetzt und Erschöpfung hervorruft?

Ist Ihnen klar, wie rasch Colagetränke und Limonaden – nicht weniger als alkoholische Getränke – Gewebe zerstören?

Um jünger zu werden, brauchen wir Vitalität. Vitalität ist nicht nur zeitweilige Aktivität, schnelle Bewegung oder nervöse Kreativität; sie beruht auf einem tiefen Gefühl von Ruhe, Gelassenheit, Bewußtheit und Stärke, dem Gefühl, *ganz obenauf* zu sein, dem Gefühl, daß das Leben vom ersten bis zum letzten Augenblick wert ist, gelebt zu werden.

Wissen Sie, wodurch Vitalität entsteht? Ist Ihnen klar, daß Vitalität einer der mächtigsten Anziehungskräfte ist, daß sie in anderen Menschen die besten Eigenschaften wachruft und sie veranlaßt, das Beste in uns zu schätzen und zu fördern? Wissen Sie, daß Vitalität Führungspersönlichkeiten aus uns machen kann, während uns mangelnde Vitalität möglicherweise ins Abseits befördert? Kennen Sie eine schnellere Methode alt zu werden, als sich im Abseits zu befinden? Haben Sie je darüber

Warum habe ich mich nicht richtig ernährt?

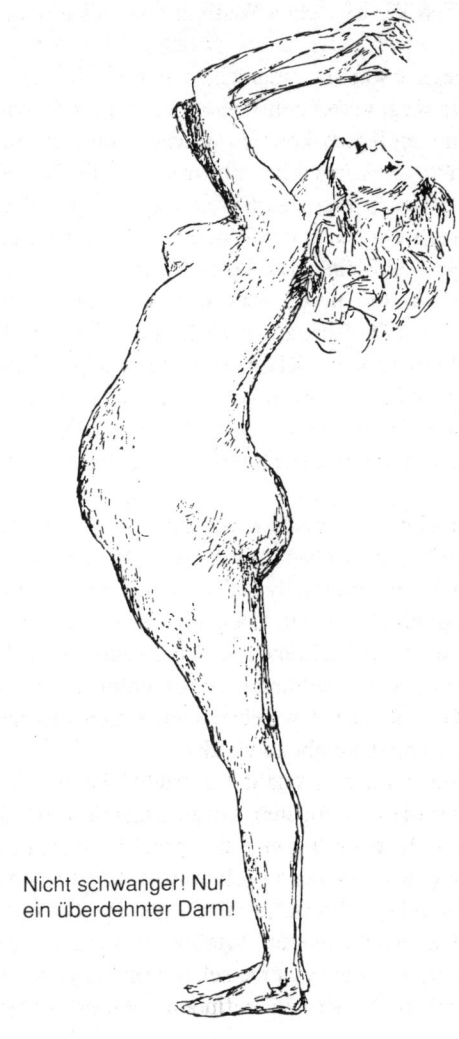

Nicht schwanger! Nur
ein überdehnter Darm!

[Abb. 1]

13

nachgedacht, wie Vitalität die einfachsten Menschen vollkommen und schön machen kann? Haben Sie jemals aufgehört, daran zu denken, wie rasch diese Schönheit schwinden kann, wenn die Vitalität durch Nachlässigkeit in den Lebens- und Essensgewohnheiten nachzulassen beginnt?

Ist Ihnen schon einmal aufgefallen, wie Ehemänner und Ehefrauen schon sehr bald nach der Heirat vorzeitig altern? Daß es dem einen oder dem anderen nicht mehr gelingt, das gepflegte Erscheinungsbild aufrechtzuerhalten, das er oder sie während des Umwerbens für den anderen so attraktiv gemacht hatte? Ist Ihnen klar, was in solchen Fällen die Gesundheit untergräbt?

Diese und viele andere Fragen stehen in unmittelbarem Zusammenhang mit der Verjüngung. Auf alle diese Fragen müssen wir die wahren und grundlegenden Antworten kennen. Nur dann sind wir in der Lage, ein zweckmäßiges Programm zu entwerfen und zu befolgen, mit dem wir Schritt für Schritt alles beseitigen, was uns langsam die Jugendlichkeit nimmt.

Wir müssen lernen, alle Gewohnheiten und Anzeichen für das vorzeitige Altern, die wir normalerweise ohne Nachdenken hinnehmen, zu bannen, unabhängig davon, wie alt wir sind. Um dies tun zu können und um dieses Ziel zu erreichen, müssen wir lernen; und nichts lehrt besser als die Erfahrung. Ein Alter zu erreichen, in dem die meisten Menschen schon tot oder begraben sind, mit Siebzig oder Achtzig noch immer vital, wach, aufmerksam und voller Begeisterung zu sein und einen Körper zu haben, der dem eines 30jährigen gleicht – das ist nach meiner Erfahrung ein Ziel, das zu erreichen sich lohnt.

Von Natur aus sind die Zellen und Gewebe im Organismus jedes lebenden Mannes und jeder lebenden Frau gleich. Was der eine Mensch erreichen kann, liegt daher auch für jeden anderen im Bereich des Möglichen, des Erreichbaren. Dies wollen wir im Auge behalten, und wir wollen uns nun der Lebensweise zuwenden, die erforderlich ist, damit wir uns auf die goldenen Jahre eines neuen und jüngeren Lebens vorbereiten können.

Kapitel 2
Heraus aus dem alten Trott!

Wenn wir jünger werden wollen, müssen wir etliche Gewohnheiten ändern. In der Regel läßt sich das nur dann erreichen, wenn wir aufgeschlossen sind und aus ganzem Herzen zu erfahren wünschen, ob das auch wirklich möglich ist. Mangelnde Aufgeschlossenheit, der Kampf gegen den Druck geistiger Vorbehalte, die Angewohnheit, über radikale Änderungen im Denken, in den Gewohnheiten und im Tun die Stirn zu runzeln – dies sind die größten Hindernisse auf dem Weg zur Verjüngung.

Wenn man das, was die meisten Leute für unorthodox, wenn nicht gar für *extrem* halten, nicht vorbehaltlos – wenigstens versuchsweise – akzeptiert, ist es fast besser, dem Leben seinen Lauf zu lassen und den Rest seiner Tage weiter in den alten Geleisen zu verbringen und sich dem Sog zu überlassen, der zu Senilität und Altersschwäche führt.

Die Tatsache, daß die große Mehrheit der Menschen gewohnheitsmäßig einem bestimmten Lebensstil folgt, sogenannte »Grundnahrungsmittel« ißt und trinkt und in vorgeschriebenen Mustern denkt und redet, bedeutet nicht, daß diese Gewohnheiten richtig sind oder daß diese Leute recht haben. Um hierfür einen unwiderlegbaren Beweis zu bekommen, müssen wir uns nur umschauen und das traurige Elend heutiger junger und alter Menschen betrachten. Sie folgen, ohne zu fragen oder zu denken, jedem Weg, für den Reklame gemacht wird. Schon vom Säuglingsalter an werden Kinder mit Eiter und anderen Ausscheidungen kranker Tiere in Form von Impfstoffen vergiftet. Der Wissenschaftler *Alexis Carrel* stellt in seinem Buch *»Man the Unknown«* (»Der unbekannte Mensch«) fest, daß Injektionen bestimmter Impfstoffe oder Seren gegen Krankheiten keine geeigneten Mittel sind, um Krankheiten zu verhindern.

Vor nicht allzulanger Zeit wurde die Öffentlichkeit auf den massenhaften Mißbrauch von Millionen Kindern als Versuchskaninchen gelenkt. Mit drei Monaten eine Impfung gegen Pocken, mit vier bis fünfeinhalb Monaten drei Impfungen gegen Keuchhusten, mit sieben und acht Monaten zwei Diphterie- und Tetanusinjektionen. An dieser Stelle möchte ich darauf hinweisen, daß *Dr. Abraham Zingher* im *»New Yorker Journal for Medicine«* erklärt hat, das Diphterieserum sei bereits vierzehn Mal geändert worden, da sich jedes neue Serum als gefährlich erwiesen habe!

Mit neun Monaten dann drei Impfungen gegen Typhus. Der frühere Tuberkulosetest im Alter von zehn Monaten wurde wegen seiner Gefährlichkeit durch Röntgenuntersuchungen ersetzt. Im Alter von elf Monaten folgt die Injektion von Diphteriebakterien aus kranken Tieren, bekannt als *»Schicktest«. (Beachten Sie: Der Schicktest stammt aus Österreich. Als die österreichischen Behörden merkten, wie gefährlich er für Kinder ist, verabschiedeten sie ein Gesetz, das seine Verwendung unter Strafe stellte. Dennoch wird er in den USA und auch in Deutschland immer noch angewandt!)*

Die Folgen dieser häufigen Injektionen und Impfungen können kranke Mandeln, dann Mastoiditis*, Hautausschläge, Blinddarmentzündung, Herzkrankheiten, manchmal auch rheumatisches Fieber, Blutkrebs (Leukämie), Lähmungen und häufig Enzephalitis (Hirnhautzündung) sein.

Ist dies nicht schon fast genug, um der kommenden Generation, noch bevor sie erwachsen wird, Alter und Senilität aufzuzwingen? Wie kann man bei einer derartigen Mitgift erwarten, jung zu bleiben, wenn man nicht ein gewaltiges Maß an Ge-

---

* Entzündung der lufthaltigen Hohlräume im Warzenfortsatz, einem Knochen hinter dem Ohr

duld, harter Arbeit und Beharrlichkeit einsetzt? Achten Sie nur einmal darauf, wie Kinder und Heranwachsende ihre jungen, wachsenden, unausgebildeten Körper mit giftiger »Nahrung« füllen. Sie wachsen in nervlicher und psychischer Hinsicht zu Wracks heran, für die es in den Krankenhäusern und Nervenheilanstalten gar nicht mehr genügend Platz gibt.

Wenn wir andere Menschen betrachten, haben wir sicherlich Veranlassung, uns zu fragen, ob die Art und Weise, wie so viele Menschen ihr kurzes Leben verbringen, nicht eindeutig falsch ist. Wenn wir aber uns selbst betrachten, haben wir etwas Eindeutiges und Handfestes, an dem wir arbeiten können. Wir können weder das Leben anderer Menschen leben, noch kann ein anderer es für uns leben. Es geht ganz entschieden um unser eigenes Leben, um unser einzig wahres, lebenswichtiges Kapital.

Der Körper, in dem wir dieses Leben verbringen, ist die einzige physische Gestalt, über die wir verfügen und in der wir uns wohl oder unwohl fühlen können. Es liegt mehr Wahrheit als Erfindung in der Redensart, ein Mensch könne ganz unten sein, er sei aber niemals am Ende – es sei denn, er habe sich selbst dazu entschieden. In Wirklichkeit gibt es gar nicht so etwas wie eine hoffnungslose Lage; es ist der Mensch, der die Hoffnung verliert.

Letztlich gibt es nur ein Rezept, das wir anwenden müssen, um uns wieder aufzurichten: nämlich Selbstdisziplin. Wir können uns nicht diszipliniert genug mit den großen Dingen des Lebens beschäftigen, wenn wir zuvor nicht gelernt haben, daß Disziplin bei den kleinen Dingen beginnen muß.

Wissen Sie, welch ein wundervolles Gefühl es ist zu erfahren, daß durch Disziplin im Kleinen auch die großen Aufgaben, die eine Last für uns waren, geradezu zum Vergnügen werden? Sie werden dieses »Rezept« besser verstehen, wenn Sie dieses Buch gelesen haben. Sie werden vielleicht sogar feststellen, daß sich manches, was Ihnen als Kreuz oder Plage schwer auf der Seele liegt, sich nun in ein Vergnügen oder in einen Vorteil kehrt. Jede seelische Last, jede Sorge, die wir ständig nähren oder dauernd auf den Schultern tragen, trägt dazu bei, auf unsere Gesichtszüge klar und deutlich die Worte zu schreiben: *»Ich bin auf dem besten Weg, alt zu werden.«*

Es ist wunderbar, wieviel Philosophie in der Antwort lag, die ein kleiner Junge einem Arzt auf die Frage gab: *»Was möchtest Du werden, wenn Du mal groß bist, mein Kleiner?«*

Er sagte: *»Lebendig.«*

Er wußte nicht viel davon, daß lebendig zu sein mehr bedeutet, als nur zu existieren. Lebendig zu sein heißt, jeden abträglichen Zustand zu bezwingen, sich zu erheben über Kummer, Angst, Sorgen und Minderwertigkeitsgefühle. Niemand kann Ihnen Minderwertigkeitsgefühle aufzwingen ohne Ihre Zustimmung. Es gibt nichts zu fürchten, unter keinen Umständen, wenn wir einmal durch Disziplin gelernt haben, selbstgenügsam und selbstsicher zu sein.

Was den Kummer betrifft, erinnere ich mich an das chinesische Sprichwort: *»Du kannst die Vögel des Kummers nicht daran hindern, über deinen Kopf zu fliegen; aber du kannst sie daran hindern, in deinem Haar Nester zu bauen.«*

Die Nahrung, die wir essen, und die Getränke, die wir trinken, haben mit dem Zustand unseres Körpers ebensoviel zu tun wie die weniger greifbaren Dinge, mit denen wir uns soeben befaßt haben. Es kann keinerlei Zweifel geben, daß wir genau das sind, was wir essen. Es gibt keinen anderen Weg, die Zellen und Gewebe unseres Körpers zu erneuern, als durch das, was wir essen und trinken.

Erneuerung (Regeneration) ist das »Große Gesetz des Lebens«. Während jeder einzelnen Sekunde unserer Existenz, solange Leben im Körper ist, werden Zellen und Gewebe verbraucht, werden alte durch neue Zellen ersetzt, die wie durch ein Wunder entstehen. Diese neuen Zellen können nur aus den Stoffen gebildet werden, die wir unserem Organismus zuführen, aus den Atomen und Molekülen der Nahrung, die wir essen, der

Flüssigkeit, die wir trinken, und der Luft, die wir einatmen. Diese Regeneration ist so ungeheuer wichtig, daß ihre Folgen in den Gesichtszügen und in der Figur jedes Mannes, jeder Frau und jedes Kindes deutlich und im einzelnen erkennbar sind. Sie ist daher von sehr großer Bedeutung, wenn man jünger werden will.

Fahle Gesichtsfarbe, Falten und Runzeln im Gesicht und am Hals, farb- und glanzlose Augen sind keine Merkmale der Jugend. Sie zeigen an, daß das, was wir bisher gegessen haben, nicht die notwendige Nahrungsqualität lieferte, um die Zellen und Gewebe, die mit den genannten Problemen zu tun haben, erneuern zu können.

Fettpolster in Partien des Körpers, wo zusätzliches Fett weder notwendig noch erwünscht ist, sind ebenfalls Anzeichen dafür, daß die Nahrung, die wir in der Vergangenheit gegessen haben, nicht von richtiger Art war – allem anderslautenden Reklamerummel zum Trotz. Statt die Zellen des Körpers zu regenerieren, beschleunigte diese Nahrung die Entartung der Gewebe und bewirkte Fettansammlungen.

Dieser Zustand ist ungesund – von der Wiege bis ins hohe Alter. Es ist ein Zustand, den wir beseitigen müssen, wenn wir jünger werden wollen. Ebenso wie unzureichende Ernährung des Körpers in der Vergangenheit fördert auch die Ansammlung von Schlacken im Organismus die Entwicklung von Krankheiten und Alterserscheinungen.

Schlacken im Körper setzen sich nicht allein aus Endprodukten der Nahrungsverdauung (oder der Nichtverdauung) zusammen. Letztere können bereits sehr viele Probleme und Störungen verursachen, vom Kopfweh bis zum Krebs. Noch bedenklicher sind die Schlacken, die aus jenen Zellen und Geweben des Körpers bestehen, die bei körperlicher Aktivität abgenutzt werden und die aus dem Organismus nicht entfernt werden konnten. Diese Ansammlung von Schlacken ist für unser Bemühen, jünger zu werden, von so großer Bedeutung, daß ich später noch sehr ausführlich und detailliert darauf eingehen werde. Ich habe festgestellt, daß es praktisch unmöglich ist, jünger zu werden, wenn der Körper mit Schadstoffen belastet wird, die schon vor Jahren hätte ausgeschieden und entfernt werden müssen.

Ich muß Sie immer wieder darauf hinweisen, das Buch zielstrebig und beharrlich durchzuarbeiten. Damit meine ich, daß jedes Wort, jeder Satz und jede Feststellung, die darin enthalten sind, gründlich studiert werden wollen, ohne Rücksicht auf Ansichten oder Theorien, zu denen Sie selbst neigen oder die andere entwickelt haben.

Gleichgültig, wie überzeugend andere Darstellungen des Themas sein mögen – lassen Sie sie vollständig außer acht, während Sie dieses Buch lesen. Bedenken Sie, daß es zu jedem Thema, auch zu diesem, sehr viele Autoren und »Experten« gibt, von denen viele das genaue Gegenteil der anderen verkünden und dennoch für sich beanspruchen, eine Autorität auf ihrem Gebiet zu sein.

Verwirren Sie sich nicht selbst. Probieren Sie nicht diese und jene Methode aus, bevor Sie sich nicht von der Wahrheit der Auffassung überzeugt haben, die Ihnen den besten Erfolg bringt. Nur wenn Sie sich auf *ein* Ziel konzentrieren, können Sie die tiefere Bedeutung der Naturgesetze bewußt erfassen.

Alles, was mit den Naturgesetzen nicht übereinstimmt, hemmt unseren Fortschritt. Deshalb möchte ich wiederholen, daß Sie dieses Buch gründlich durcharbeiten sollten, damit Sie erfahren, was vielen anderen geholfen hat, Gesundheit, Energie und Vitalität wiederzuerlangen.

Wenn Sie damit vertraut sind, was bei anderen erfolgreich war – bei Menschen jeden Alters, von Kindern bis zu Achtzig- und Neunzigjährigen und Älteren –, können Sie diese Grundsätze ausprobieren und selbst beurteilen, warum sie auch in Ihrem Fall erfolgreich sein können.

Jeder möchte jünger werden, aber nicht jeder ist bereit, mehr dafür zu tun, als nur hoffnungsvoll daran zu denken. Wenn Sie jünger werden wollen, müssen Sie selbst etwas dafür tun. **Auch Sie werden Erfolg haben, wenn Sie sich der Kraft bewußt werden, die in Ihnen steckt.**

Kapitel 3
Beneiden Sie nicht andere!
Werden Sie selbst jünger!

Möchten Sie wirklich jünger werden? Dann lassen Sie uns das Problem gründlich untersuchen.

Zunächst: Wollen Sie über Nacht jünger werden, nur für eine kurze Zeit? Das ist nicht möglich, außer auf Kosten späterer Schwierigkeiten. Wenn Sie dauerhaft jünger werden und *bleiben* wollen, müssen Sie systematisch daran arbeiten und sich an einen Plan halten, der Ihrem Alter, Ihrer Umwelt und Ihrem körperlichen Zustand angemessen ist.

Stellen Sie sich zunächst einmal vor, wieviele Geburtstage Sie hatten, seit Sie das Licht der Welt erblickt haben. Sind es dreißig, fünfzig, siebzig oder neunzig? Dann denken Sie an die Zahl der Jahre, die Sie gelebt haben, und schätzen Sie, wie lange Sie gebraucht haben, um den Zustand zu erreichen, in dem Sie sich heute befinden. Sie sind nicht plötzlich, über Nacht, in diesen Zustand geraten. Ganz gewiß nicht. Sie sind heute das Endprodukt der Nahrung, die Sie während Ihres ganzen Lebens verzehrt haben, und der fehlenden Fürsorge und Zuwendung, die Sie Ihrem Körper an jedem Tag Ihres Lebens hätten zukommen lassen sollen.

Sie haben vielleicht gewohnheitsmäßig im Durchschnitt drei Mahlzeiten täglich gegessen. Das heißt, Sie haben im Jahr durchschnittlich etwa eintausend Mahlzeiten verzehrt. Wenn Sie vierzig Jahre alt oder älter sind, haben Sie bisher mehr als 40 000 Mahlzeiten zu sich genommen. Die Frage, über die Sie jetzt nachdenken sollten, lautet: Wieviele dieser Mahlzeiten waren geeignet, den Zellen und dem Gewebe Ihres Körpers lebenswichtige Nahrung zu liefern, die sie benötigen, um sich zu erneuern, zu vervielfältigen, zu regenerieren?

Betrachten Sie sich selbst im Spiegel, und Sie werden höchstwahrscheinlich die Antwort geschrieben sehen: in jeder Falte in Ihrem Gesicht und an Ihrem Hals, in jeder Pore Ihrer Haut und in allen Konturen und Formen Ihres Körpers, die sich aufblähen, wo sie es nicht sollten. Wenn die Art der Nahrung, die Sie essen, im großen und ganzen der entspricht, die fast jeder verzehrt – meist mit teurer Werbung angepriesene Fabriknahrungsmittel, die in den Regalen der Supermärkte stehen –, **dann *können* Sie davon ausgehen, daß Sie heute noch am Leben sind, *obwohl* und nicht weil Sie diese Art Nahrung zu sich genommen haben.**

Diese Nahrungsmittel erhalten das Leben auf Kosten von all dem, was im Leben wirklich lebenswert ist. Solche Nahrung enthält kein Leben und ist außerstande, Leben hervorzubringen, ungeachtet aller scheinbaren Beweise für das Gegenteil. Wir können nicht lebendig und tot zur selben Zeit sein. Den Verkauf von Dosen- und Flaschennahrung, in denen das Leben *nicht* zerstört wurde, verbietet jedoch das Gesetz, d.h., sie muß erhitzt, pasteurisiert oder konserviert werden.

Wenn Sie irgendein Nahrungsmittel essen, das durch Hitze haltbar gemacht oder verarbeitet wurde, nehmen Sie Nahrung zu sich, in der jede Spur von Leben fehlt. Das mag sich seltsam anhören, wenn Sie noch nicht angefangen haben, über diese Dinge nachzudenken. Nichtsdestoweniger können seelische und körperliche Beschwerden, Krankheiten, und vorzeitiges Altern – dies zeigt sich immer wieder – die unmittelbare Folge des Verzehrs von Mahlzeiten sein, die sich weitgehend oder gänzlich aus solchen abgetöteten Nahrungsmitteln zusammensetzen. Allein dieses Problem verlangt ein gründliches Nachdenken, sofern Sie daran interessiert sind zu erfahren, wie Sie jünger werden können.

Es ist in der Tat ein äußerst faszinierendes Problem. Wenn es auf natürliche Weise beseitigt wird, kann dies derart günstige Auswirkungen haben, daß Uneingeweihte sie als Wunder bezeichnen würden. Vor mir liegt zufällig die interessante Geschichte einer jungen Dame. Obwohl erst 31 Jahre alt, erwachte sie eines Morgens in ziemlicher Panik. Es war ein trüber, nebliger Morgen, jene Art von Morgen, die einer erwachenden Seele jede Lebenslust raubt. Sie war am vorangegangenen Abend rechtzeitig zu Bett gegangen, aber sie erwachte steif, mit – wie es ihr schien – Beschwerden und Schmerzen in jedem Knochen ihres Körpers. In zwei Stunden mußte sie bei ihrer Arbeit sein, und sie fragte sich, wie sie nur aus dem Bett kommen sollte. Sie fühlte sich, als wöge sie tausend Kilo, und jeder Moment war eine Qual. Ihr Kopf fühlte sich schmerzhaft und geschwollen an, und jeder Gedanke, der durch ihr Gehirn zog, war wie ein schwaches Licht, das erst dichten Nebel durchdringen mußte. Der Schmerz in ihrem Nacken und in ihren Schultern schien schlimmer zu sein als je zuvor; es war – um ihre eigenen Worte zu gebrauchen –, als ob sie von einem »rotglühenden Feuerhaken« stammten. Sie war so nervös, daß nur alle Selbstbeherrschung, die sie aufbringen konnte, sie davon abhielt, zu schreien und sich die Haare auszuraufen.

Diese Frau war an diesem Morgen so verzweifelt, daß sie sich fragte, warum sie hier war und ob es sich überhaupt noch lohnte zu leben. Ein Blick auf ihre Uhr sagte ihr jedoch, daß sie keine Zeit mehr hatte, über dieses Thema nachzudenken. Sie hatte kaum Zeit genug, ein eiliges Frühstück zu verzehren und den Bus zu erreichen. Sie arbeitete im Schreibbüro einer großen Firma, zusammen mit einem Dutzend anderer Damen. Als sich der Bus ihrem Büro näherte, wurde sie wieder von Panik ergriffen, und sie fürchtete sich vor dem vor ihr liegenden Tag. Ihre

Arme schienen mehr denn je zu schmerzen, und sie fragte sich, wie sie den ganzen Tag an der Schreibmaschine arbeiten sollte. Allein die Notwendigkeit, ihren Lebensunterhalt zu verdienen, trieb sie jeden Tag, tagein, tagaus, ins Büro. Am Ende eines jeden Tages war sie so erschöpft, daß sie nicht wußte, wie sie den nächsten Tag ertragen sollte.

Heute aber war der Wendepunkt ihres Lebens. Als sie am Ende dieses Tages nach Hause kam, kam eine alte Freundin zu Besuch, eine Krankenschwester, die sie seit Jahren nicht mehr gesehen hatte. Auch diese Freundin hatte ihre Probleme gehabt; eine bösartige Wucherung, die sie beinahe umgebracht hatte, war noch das geringste davon. Als sie ihre Ernährung änderte und reichliche Mengen frischer roher Früchte, Salate und Gemüse aß bzw. deren Säfte trank, verschwand die Wucherung vollständig.

»Aber du siehst so gesund aus, sogar jünger als vor sechs Jahren – ich kann nicht glauben, daß du jemals in deinem Leben einen Tag krank warst!« sagte unsere junge Dame zu der Krankenschwester. Sie überhäufte ihre Freundin mit Fragen, um herauszufinden, was der Krankenschwester – die zwei oder drei Jahre älter war als sie – so viel Vitalität und eine so strahlende Gesundheit geschenkt hatte. Wenn ihre Freundin bei sich selbst eine derartige Veränderung bewirken konnte, gab es sicherlich Hoffnung und die Chance, daß auch sie davon profitieren konnte, wenn sie ihre Gewohnheiten in der gleichen Weise änderte wie ihre Freundin.

»Es ist wirklich ein sehr einfaches Programm«, erzählte die Krankenschwester, »aber für mich bedeutete es, fast alles abzulegen, was ich während meines Berufslebens in der Klinik gelernt hatte. Das erste, was ich tat, war, einige Klistiere und Darmspülungen zu machen. Als nächstes ließ ich Stärke und Zucker vollständig aus meiner Ernährung weg, und ich begann, jeden Tag frische rohe Frucht- und Gemüsesäfte zu trinken. Ich trank an einem Tag Karottensaft und gemischten Karotten-, Sel-

lerie-, Petersilien- und Spinatsaft; und am Tag darauf trank ich neben dem Karottensaft meist gemischten Karotten-, Rüben- und Gurkensaft. Ich wechselte mit diesen Säften ab: die eine Mischung an einem Tag, die andere am nächsten Tag. Jeden Morgen, sobald ich aus dem Bett war, trank ich ein Glas heißes Wasser mit dem Saft einer Zitrone darin, ohne Süßstoff. Während des Tages trank ich außerdem Orangensaft – frischgepreßt – und Grapefruitsaft. Was meine Mahlzeiten anlangt, benutzte ich das Buch ›Täglich frische Salate erhalten Ihre Gesundheit‹ als Leitfaden.«

»Es scheint so einfach zu sein, daß es fast lächerlich klingt«, sagte unsere junge Dame zur Krankenschwester, *»aber ich habe fast den Punkt erreicht, wo ich denke, es ist aus mit mir. Du hast es mir jedenfalls vorgemacht, und ich möchte es selbst ausprobieren.«*

Unter Anleitung ihrer Freundin machte die junge Dame jede Woche zwei Darmspülungen und spürte sofort, wie sich der Nebel in ihrem Gehirn und in ihrem Geist lichtete. Sie änderte ihre Ernährung nicht radikal, sondern trank lediglich täglich frische Säfte und verbannte von ihrem Speisezettel alles, was Stärke und Zucker enthielt oder was daraus hergestellt war.

Sie ging ins nächste Reformhaus und kaufte dort ein Exemplar des Buches *»Täglich frische Salate erhalten Ihre Gesundheit«.* Das Studium dieses Buches versetzte sie in die Lage, ihre Ernährung allmählich umzustellen, indem sie jede Woche einige unnütze Nahrungsmittel wegließ und stattdessen immer mehr frisches Gemüse und Früchte hinzufügte. Innerhalb von sechs Wochen war sie imstande, ihre Mahlzeiten mit Genuß zu essen, und sie hatte Stärke, Zucker, Milch und Fleisch völlig aus ihrer Ernährung verbannt.

Sie hörte außerdem auf, Kaffee und Tee zu trinken, und trank stattdessen Fruchtsäfte. Sie nahm jeden Tag zwei kleine Thermosflaschen mit ins Büro, und statt Limonade oder Cola zu trinken, trank sie frische Säfte. Zum Frühstück aß sie einfach zubereitete Früchte. Als Mittagessen nahm sie entweder einen Salat aus rohem Gemüse mit einigen Früchten oder nur verschiedene Früchte zu sich. Ihr Abendessen bestand aus leicht gedämpftem Gemüse mit einem frischen Salat, vorweg etwas Hüttenkäse, sowie aus einigen Früchten zum Nachtisch. Jeden Tag trank sie einen halben bis einen Liter rohen Gemüsesaft.

Bis zu jenem Tag, als ihre Freundin auf der Bildfläche erschien, sah unsere junge Dame gut zehn Jahre älter aus, als sie war. Im Büro leistete sie nichts besonderes, sie wurde lediglich als durchschnittlich eingeschätzt. Kein Mann umwarb sie, da sie im allgemeinen als »fade« angesehen wurde.

Innerhalb von nur zwei oder drei Monaten, nachdem sie ihre Eßgewohnheiten geändert hatte, besserte sich ihre Arbeitsleistung so sehr, daß sie zur Privatsekretärin eines leitenden Angestellten der Firma befördert wurde. Ein Jahr später war sie mit diesem Angestellten verheiratet.

Ich wollte, ich könnte Ihnen die beiden Fotos von ihr zeigen, die ich hier vor mir liegen habe – eines vor zwölf Jahren aufgenommen, ein oder zwei Jahre, bevor sie diese große Umstellung ihrer Lebensweise vornahm, und das andere erst vor einigen Monaten. Auf dem älteren Foto sieht sie wie eine Frau von Vierzig aus, während sie auf dem neueren nicht älter als 26 oder 27 erscheint.

Ich habe mir mein Leben lang zum Grundsatz gemacht, daß alles, was ich tun möchte und was irgendjemand anderem gelingt, auch mir gelingt. Wenn Sie jünger werden möchten, dann lernen Sie, wie man es macht, und wenden Sie das Gelernte an.

Auch Sie werden Erfolg haben, wenn Sie sich der Kraft bewußt werden, die in Ihnen steckt.

Kapitel 4
Beginnen Sie heute!
Morgen kann es schon zu spät sein

So seltsam es klingt – wir leben in einer Zeit, in der wir ein völlig falsches Zeitgefühl entwickelt haben. Wir leben vierzig, fünfzig, sechzig Jahre oder länger, um zu lernen, was das Leben eigentlich ist, und wenn wir schließlich versuchen, dieses Wissen in die Tat umzusetzen, stellen wir fest, daß unser Körper gebrechlich geworden ist. Wir befinden uns, noch bevor wir uns dessen richtig bewußt sind, in einem Körper, der buchstäblich in die Nutzlosigkeit abgleitet, und dies ausgerechnet zu der Zeit, wo wir am meisten von ihm profitieren könnten.

Wenn wir anfangen zu spüren, daß uns das Alter langsam zu schaffen macht, sind wir uns in der Regel nicht darüber im klaren, wie lange es dauert, bis uns Krankheiten und Gebrechen einholen. Dann erwarten wir, daß Pillen oder Spritzen über Nacht Wunder wirken, ohne je daran zu denken, wie lange wir gebraucht haben, um in diesen Zustand zu geraten. Wenn die ersten paar Versuche nicht die erwartete oder »garantierte« Wirkung zeigen, neigen wir dazu, blindlings anderen, in einem ähnlichen oder schlimmeren Dilemma befindlichen armen Seelen zu folgen, mit ihnen von hier nach dort zu gehen und jede Arznei auszuprobieren, die zufällig in Mode kommt.

Wir erwarten voller Ungeduld, gesund oder jung zu werden, ohne dafür eigenen Einsatz leisten zu müssen. Und gewöhnlich sind wir nicht bereit, uns die nötige Zeit zu nehmen und *die Natur für uns arbeiten* zu lassen, ihr zu erlauben, ihre Aufgabe erfolgreich und vollständig zu erfüllen. Das Resultat steht schon jetzt fest: Der Skrupellose nutzt den Leichtgläubigen aus, bis es zu spät oder beinahe zu spät ist, eine Heilung zu erzielen.

Wieviel besser wäre es doch, die Dinge selbst in die Hand zu nehmen, wenn uns zum ersten Mal bewußt wird, daß mit uns nicht alles so in Ordnung ist, wie es sein sollte!

Mein Rat an jeden Mann, an jede Frau und an jedes Kind ist einfach:

Lesen Sie dieses Buch *heute* und *leben* Sie dann danach.
Morgen kann es zu spät sein.
Lernen Sie *heute*. Morgen kann es zu spät sein.
Finden Sie *heute* heraus, was mit Ihnen los ist.
Morgen kann es zu spät sein.
Ändern Sie Ihre falschen Eßgewohnheiten und alle weiteren falschen Gewohnheiten *noch heute*.
Morgen kann es zu spät sein.
Beginnen Sie *noch heute* damit, jünger zu werden.
Morgen kann es zu spät sein.
Bauen Sie Ihre Kenntnisse auf Nachdenken, Erfahrung und ausgewogenem Urteil auf, nicht auf Gewohnheit oder Hörensagen. Beginnen Sie heute.
Morgen kann es zu spät sein.

Lernen Sie, die Wahrheit herauszufinden, bevor Sie sich auf Schlußfolgerungen einlassen. Wir müssen mit unserem Körper das tun, was der Baumeister tut, wenn er ein altes Haus instandsetzt. Alle Schlacken müssen beseitigt werden, und das braucht Zeit. Der Baumeister kann Dynamit unter dem Haus anbringen und das ganze Gebäude durch eine Explosion »säubern« – aber

Was du säst,
das wirst du ernten!

Gehirnbereich
Wird gehemmt und geschädigt
durch:
    Tabak
    Alkohol
    Aspirin und andere »Heilmittel«
    aus Kohlenteer.

Lungenbereich
Hier wird das Blut gereinigt, wenn wir
reine Luft atmen, und wo es verunrei-
nigt wird, wenn wir Tabak rauchen.

Darmbereich
Dieses Profil zeigt Verstopfung.
Es zeigt, daß diese Frau viel
Brot, Getreide, Kuchen, Zucker,
Bonbons, Limonaden zu sich
nimmt und auch sonst ihrem
Appetit auf Kosten ihrer
Gesundheit und ihrer
Figur freien Lauf läßt.

[Abb. 2]

30

was bliebe ihm dann? Ein verwüsteter Platz, übersät mit Trümmern, die die Müllabfuhr wegbringen muß. Es dauert viel Zeit, ein Haus zu bauen, und man braucht viel Zeit, ein altes, baufälliges Haus wieder instandzusetzen.

Es dauerte ein Leben lang, seinen Körper in den Zustand zu bringen, in dem er sich heute befindet. Eine falsche Spritze kann ihn sofort unter die Erde befördern, aus der er kommt.

»Staub bist du und zu Staub sollst du werden« wurde aber nicht von unserer Seele gesprochen. Wenn wir unserer Seele weiterhin eine angenehme Heimstätte bereiten wollen, müssen wir uns die Zeit nehmen, die erforderlich ist, um zu allererst unseren Körper zu reinigen. Gleichzeitig müssen wir ihn mit der Nahrung versorgen, die seine Zellen und Gewebe erneuern und regenerieren kann.

Ich habe oft und ausführlich dargelegt, daß es auf das Alter nicht ankommt, wenn ein Mensch entschlossen ist, gesund und jünger zu werden. Ich habe ein Sanatorium geleitet, und die Patienten wurden einer harten Behandlung unterworfen und ermahnt: *»Ja oder nein – ganz wie du willst.«* Sie aßen nur frische Salate, Gemüse und Früchte, etwas Hüttenkäse und Nüsse, alles appetitlich zubereitet, und sie tranken nur frische Säfte aus rohem Gemüse und rohen Früchten, die mit einer hydraulisch arbeitenden Presse hergestellt wurden.

Eines Tages kam ein älterer Herr, 87 Jahre alt, mit seiner Pflegerin zu Besuch. Er litt seit mehr als fünfundzwanzig Jahren an Prostatabeschwerden, und während der vergangenen zwölf Monate hatte sich sein Leiden so ernsthaft verschlimmert, daß er genötigt war, sich von dieser Pflegerin begleiten zu lassen, wo immer er sich aufhielt und wo immer er hinging. Immer wenn er seine Blase entleeren mußte, bei Tag oder bei Nacht, mußte ihm die Pflegerin ein Katheter einführen, um ihm Erleichterung zu verschaffen.

Als ihm im Sanatorium erklärt wurde, er dürfe nur die obengenannten Lebensmittel essen, protestierte er: Er könne ohne seine Getreideprodukte und Mehlspeisen nicht leben. Als ihm erklärt wurde, unserer Ansicht nach sei sein Zustand die unmittelbare Folge des Verzehrs von Mehlspeisen und stärkehaltiger Nahrung, willigte er ein, zwei Monate lang zu bleiben und es mit unserer Methode zu versuchen. Dank der Darmspülungen und einer strikten Diät war er am Ende des ersten Monats in der Lage, die Pflegerin zu entlassen, da seine Prostatabeschwerden praktisch verschwunden waren.

Gegen Ende des zweiten Monats fühlte er sich zwanzig Jahre jünger und sah auch so aus!

Ich kann behaupten, daß dies nach meiner Erfahrung kein Einzelfall ist. Ich habe viele Männer aller Altersstufen kennengelernt, die dasselbe Problem hatten, und ich kann wahrheitsgetreu sagen: Ich kenne keinen einzigen, der nicht von demselben Programm profitiert hätte, mit dessen Hilfe der 87jährige Mann in einem so fortgeschrittenen Lebensabschnitt seine Kraft und seine Vitalität wiedererlangte.

Ich bin mir dessen gewiß, daß eben dieser Mann, wenn er sein Schicksal vor etwa zwanzig oder dreißig Jahren selbst in die Hand genommen und das oben erwähnte Ernährungsprogramm bis zum heutigen Tag befolgt hätte, sich heute ohne Zweifel nicht älter als fünfzig oder sechzig fühlen und auch so aussehen würde. So wie es steht, sage ich voraus, daß er die Hundert-Jahres-Marke überschreiten wird, wenn er das Programm weiterhin befolgt. Warum auch nicht? Wem stünde es zu, unser Lebensalter vorauszusagen? Lebten nicht die alten Patriarchen länger als 750 Jahre?

Wenn wir unsere Anatomie, unsere Drüsen und die verschiedenen Funktionen des Blutes und der Lymphe in unserem Körper studiert haben – all dies werde ich in Umrissen noch darstellen –, dann werden wir nicht länger über die Vorstellung spotten, die Menschen könnten ihre ersten hundert Lebensjahre weit übertreffen. Es mag sein, daß die ersten hundert Jahre die schwersten sind; aber die Hundert-Jahres-Marke ist, so meine ich, ein erstrebenswertes Ziel, wenn der Körper jugendlich, lebendig, wach, aufmerksam und voll Begeisterung ist.

Ob wir ein so weitreichendes Programm anstreben oder nicht: es ist für jeden von uns wichtig zu wissen,
- wie wir heute verhindern können, daß irgendein Teil unseres Körpers degeneriert,
- wie wir den Versuchen des Alters, uns einzuholen, ausweichen können,
- welche Fehler wir in der Vergangenheit gemacht haben,

damit wir nicht nur lernen, sie nicht zu wiederholen, sondern auch lernen, den Schaden wiedergutzumachen, den sie angerichtet haben.

Es genügt nicht, nur theoretische Kenntnisse zu sammeln. Selbst eine ganze Bibliothek ist ohne Wert, wenn die Seiten ihrer Bücher ungelesen bleiben. Quasi ungelesen können Bücher aber auch dann bleiben, wenn wir das Wissen, das sie enthalten, zwar aufnehmen, es aber nicht in die Tat umsetzen.

Eine der größten menschlichen Errungenschaften ist unser Urteilsvermögen. Wir können aber *nichts beurteilen*, sind zu keinem Urteil fähig, wenn wir *nichts wissen*; und wir können *nichts wissen*, solange wir *nicht lernen*.

Versuchen Sie nie, etwas zu beurteilen, worüber Sie nichts wissen. Setzen Sie sich niemals der Kritik aus, indem Sie sagen: *»Das glaube ich nicht!«* Ebenso könnten Sie sagen: *»Ich weiß nichts darüber, darum ist es falsch.«* Stellen Sie immer erst Untersuchungen an, bevor Sie etwas als richtig oder falsch, als wahr oder unwahr beurteilen. Erfahrung ist mehr wert als alles Hörensagen der Welt.

Ich rate Ihnen dringend, dieses Buch ernsthaft zu studieren und seine Lehren zu bedenken. Dann werden auch Sie wissen, daß Sie eine gesunde und solide Grundlage gefunden haben, auf die Sie Ihren Plan, jünger zu werden, stützen können.

Auch Sie werden Erfolg haben, wenn Sie sich der Kraft bewußt werden, die in Ihnen steckt.

Kapitel 5
Es wirkt!

Ich betone immer wieder, wie wichtig es ist, den Körper innerlich und äußerlich rein zu halten. In meiner Forschungsarbeit während fast eines halben Jahrhunderts, während dem ich die grundlegende Ursache menschlichen Leidens suchte und die Mittel und Wege, sie zu verhüten und zu heilen, erwies sich die Ansammlung von Schlacken im Körper als größtes Hindernis auf dem Weg zu brauchbaren Resultaten.

Sehr oft haben mich meine Familie und meine Freunde gedrängt – um ihre eigenen Worte zu benutzen –, meine Zeit *»sinnvolleren Dingen zu widmen statt sie mit solchen Forschungen zu verschwenden, in die doch schon Kliniken und Stiftungen Millionen von Dollar pumpen«*. Man sagte schreckliche Folgen für meine Gesundheit voraus, wenn ich darauf beharre, mich auf Dinge zu versteifen, die für wissenschaftliche und medizinische Köpfe ein Greuel waren.

Als ich jedoch entdecken mußte, wie Männer, Frauen und Kinder überall als Versuchskaninchen für Experimente benutzt wurden, die, soweit ich das erkennen und verstehen konnte, völlig unnatürlich waren, und als ich sah, wie eben diese Menschen in wenigen Jahren buchstäblich dahingemäht wurden – und zwar als direkte Folge dieser »wissenschaftlich anerkannten Behandlungen«, mit Röntgenstrahlen und Impfstoffen –, war ich mehr denn je entschlossen, die Wurzel unserer Probleme zu finden, selbst wenn es ein Leben lang dauern würde.

Von dem Tag an, als ich diesen Entschluß faßte, wurde ich mein eigenes Versuchskaninchen. Ich beschloß, hauptsächlich von *Getreideprodukten* zu leben, und ich trank viel *Milch*: die Säulen der sogenannten »Vollwertkost«. Diese Nahrungsmittel wurden allgemein – auch von »Autoritäten« – als die wichtigste und vollständigste Nahrung dargestellt, als wertvolle Nahrung, als Nahrung, die alle Nährstoffe enthalte, die für Gesundheit, Kraft und dergleichen wichtig seien. Zwei Jahre lang entwikkelte ich mich offensichtlich prächtig bei dieser Nahrung, bis ich plötzlich eines Morgens nicht mehr aus dem Bett steigen konnte.

Ich hatte inzwischen zugenommen, von 141 Pfund auf nicht weniger als 179 Pfund. Allem Anschein nach und nach herkömmlichen Maßstäben fehlte mir absolut nichts – bis zu diesem schicksalhaften Morgen, als es mich wie ein Blitz aus heiterem Himmel traf. Ein Arzt nach dem anderen machte mir meine hoffnungslose Lage deutlich; meine Lebenserwartung betrage nur noch wenige Wochen, da Leberzirrhose in Verbindung mit den gräßlichen Schmerzen einer Neuritis als definitiv tödlich gilt.

Ich weigerte mich, ihre Arzneien oder ihren Rat anzunehmen. Ich rief mir ein Gespräch mit einem Freund ins Gedächtnis, das vor einigen Jahren stattfand. Ich war damals von seiner Weisheit tief beeindruckt. Er war strenger Vegetarier, und er hatte zu mir gesagt: »*Wenn du mal krank werden solltest und nicht aufstehen kannst, nimm unter keinen Umständen Medikamente – sie sind Gift. Iß drei Tage lang nichts. Eine Krankheit ist die Folge von Schlacken, die sich in deinem Körper angesammelt haben. Trink einfach ein Glas klares Wasser etwa jede halbe Stunde, drei Tage lang, und du wirst gesund werden.*«

Seine Bemerkungen wurden mir nachdrücklich bewußt, als ich hilflos im Bett lag, und ich dachte, ich hätte nichts zu verlieren, aber vielleicht viel zu gewinnen, wenn ich seinem Rat folgte. Er hatte recht. In drei Tagen war ich wieder auf den Beinen.

Am dritten Tag, nach einem Einlauf, waren meine Ausscheidungen so umfangreich und eklig, daß mir klar wurde, was mein Freund gemeint hatte, als er sagte, Krankheiten seien die Folge von Schlacken im Körper. Ich fragte mich, wie derart viel Schlacken in meinen Körper gelangen und dort bleiben konnten. Ich aß alles, was mir schmeckte, und wurde krank.

Mein Freund war Vegetarier und gesund wie alle, die sich viel im Freien aufhalten. Er aß nur rohes Gemüse, rohe Salate und Früchte – warum sollte ich nicht dasselbe tun? Ich tat es, und innerhalb von sechs Monaten war ich voller Energie und Unternehmungslust. Ich begann den Wert frischer, roher Nahrung einerseits und gekochter andererseits zu untersuchen. Wenn ich meine Nahrung roh aß, fühlte ich mich wohl und unternehmungslustig, und mein Stuhlgang war recht gut. Immer wenn ich die Nahrung in gekochtem Zustand aß, baute ich am nächsten Tag deutlich ab; mein Geist war nicht so wach und meine Ausscheidung entschieden schlechter.

Ich wunderte mich wieder. Was war da in roher Nahrung, das meinen Zustand so rasch besserte? Ich nahm einige Karotten und raspelte sie; ich preßte den Saft heraus und stellte fest, wieviel Flüssigkeit in den Karotten war. Fast eine Woche lang tat ich nichts anderes, als zu »spielen« und Früchte und Gemüse zu raspeln und auszupressen; täglich trank ich bis zu vier Liter frische, rohe Säfte, vorwiegend *Karottensaft*. Die Ärzte hatten einigen meiner Freunde erzählt, ich hätte nicht mehr länger als vielleicht ein paar Wochen zu leben; aber da war ich und lief umher, gelbhäutig wie ein Ägypter, aber denkbar gesund. Nicht einen meiner Freunde konnte ich dazu bringen, meine Säfte auch nur zu probieren!

Sobald meine Leber und meine Gallenblase wieder in besserem Zustand waren, dauerte es nicht lange, bis die Hautfärbung verschwand. Ich lernte, daß die Verfärbung durch Galle und andere Schlacken verursacht wurde, die von der Leber und von der Gallenblase während des Reinigungs- und Regenerationsprozesses, den das reichliche Trinken von Karottensaft bewirkte, aufgelöst wurden.

Etwa einen Monat lang versorgte ich in meiner Begeisterung (und auf meine Kosten) bettlägerige Männer und Frauen unter der Aufsicht eines befreundeten Arztes mit Säften. Der Arzt stand meinen Theorien tolerant, ja sogar wohlwollend gegenüber. Die Ergebnisse waren ausgezeichnet, vor allem dann, wenn die Patienten eine Diät aus rohen Gemüsen und Früchten befolgten.

Damals war ich natürlich ein sehr junger Mann und wußte auf alles und jedes eine Antwort. (Kennen Sie einen, bei dem das nicht der Fall wäre?) Ich brauchte Geld und war besessen davon, ein Vermögen zu machen. Dies wurde bald zu einer alles umfassenden Manie, und – dies ist der Weg allen Fleisches – im Laufe von zwei oder drei Jahren hatten sich nicht nur meine begeisterten Forschungen mit ihren Ergebnissen festgefahren, sondern nach etwa vier oder fünf Jahren zeigte sich, daß diese Arbeit ebensogut hätte unterbleiben können. Das sind in aller Kürze die Erinnerungen an einen ehrgeizigen jungen Mann, der auf den Pfaden des »Big Business« wandelte.

Die Folgen? Sie waren ganz natürlich und so, wie man es erwarten würde: ein Nervenzusammenbruch genau auf der Schwelle zur Erfüllung meiner ehrgeizigen Pläne. Ein Londoner Arzt – ich hatte damals meine Aktivitäten nach England verlegt – kam in meine Wohnung und sagte mir: Entweder sei, falls ich nicht für etwa ein Jahr Zeit und Disziplin aufbringen könne, in der Hoffnung, auf diese Weise wieder gesund zu werden, meine ehrgeizige Karriere zu Ende. Oder, sofern ich ins Ausland ginge und alle geschäftlichen Aktivitäten aufgäbe, um mich vollständig zu erholen, könne ich vielleicht in etwa neun oder zehn Monaten in der Lage sein, mich wieder meinem Geschäft zu widmen.

Als er sich in meinem Zimmer umsah, bemerkte der Arzt auf meinem Tisch das Bild einer Waldlandschaft. Er fragte mich, was das sei. Ich erklärte ihm, es sei eine mit Feder und Tinte angefertigte Vergrößerung eines Schnappschusses, den ich vor etwa einem Jahr in Brüssel gemacht hatte. Dann mußte ich ihm gestehen, daß ich während des größten Teils der vorangegangenen neun oder zehn Monate mich dabei vergnügt hatte, diese Vergrößerung herzustellen, und dabei oft bis drei Uhr morgens gearbeitet hatte. »Ah«, sagte er, »*Ihr Problem ist nicht nur das Geschäft und die Ernährung, es ist auch der Schlafmangel über einen zu langen Zeitraum.*«

Da er wußte, daß ich fließend Französisch sprach, riet er mir, meine Angelegenheiten in London zu regeln und, anstatt eine lange Schiffsreise zu unternehmen – was er ursprünglich vorgeschlagen hatte –, nach Brittany in Nordfrankreich zu gehen, bei einem Bauern zu wohnen und das, was man dort anbaute, so zu essen, wie es zubereitet wurde.

Das tat ich. Ich packte meine Sachen für einen längeren Frankreichaufenthalt. Ich verbrachte ein paar Tage damit, mich in Dinan und Brieuc umzusehen; aber diese Städte waren für meine Zwecke zu groß. Ein Taxifahrer fuhr mit mir umher, und als wir am Rande des Dorfes Pontivy ankamen, fand ich ein nettes altes Ehepaar mit einem »Familienbauernhof«, das mich gerne unterbringen wollte. Sie lebten in einiger Entfernung zum Dorf – ich nehme an, es ist inzwischen zu einer richtigen Stadt angewachsen –, von einem Fußgänger bequem zu bewältigen und nicht sehr weit vom Fluß Aulne entfernt, wo ich ab und zu angeln konnte. Dieses entzückende alte Paar aß hauptsächlich rohes Gemüse und Obst aus dem Garten, was mir sehr zupaß kam. An Sonntagen schlachteten sie einen ihrer Hähne oder anderes Geflügel, und gelegentlich gab es frischen Fisch aus dem Fluß.

Ich genoß gründlich mein *dolce far niente* (süßes Nichtstun) und stellte fest, daß ich etwas kräftiger geworden war. Eines Morgens, als Madame Gemüse zubereitete und Karotten schälte, merkte ich, wie feucht diese waren, wenn man sie schälte. In meinem Unterbewußtsein blitzte etwas auf, und ich bat Madame an diesem Nachmittag um Erlaubnis, ein paar Karotten ausrupfen und zerkleinern zu dürfen. Zweifellos hielt sie das für eine kauzige britische Idee, aber sie war gerne einverstanden. Ich zerkleinerte ein halbes Dutzend und preßte den Saft durch eines ihrer hübschen, sauberen Leinentischtücher. Diese Methode war so einfach, daß ich – abgesehen von meinen früheren Erfahrungen vor einigen Jahren – zum ersten Mal Bekanntschaft mit einer Tasse ausgezeichneten Karottensaftes machte, der innerhalb von Sekunden zubereitet war.

Von da an übernahm ich jeden Tag die Aufgabe, für mich und die beiden Säfte zuzubereiten. Dabei verbesserten sich meine Körperkräfte und meine Gesundheit so rasch und in solchem Ausmaß, daß ich mich schon vor Ablauf der neun oder mehr Monate, die mir der Arzt verordnet hatte, gesund und stark genug fühlte, um nach London zurückzukehren.

Unnötig zu sagen, daß mein Arzt erstaunt war, als er mich sah und mein gutes Aussehen registrieren mußte. Unnötig zu sagen, daß er verblüfft war, als er von meiner Heilmethode erfuhr. Er bezeichnete meine Acht-Wochen-Heilung als »phänomenal«.

Seit diesen Ereignissen in meinen jungen Jahren propagiere ich eine Kost aus rohen Salaten, Gemüsen und Früchten mit reichlichen Mengen roher Säfte, wann immer es möglich ist.

Ich habe Menschen in jedem nur denkbaren Zustand der Gesundheit oder der Krankheit von diesem doppelten Programm profitieren sehen: innerliches Baden mit Hilfe von Einläufen und Darmspülungen sowie sorgfältig zubereitete und ausgewogene *Rohkostnahrung*.

Ich kann wahrheitsgemäß behaupten, daß ausnahmslos jeder, den ich während der vergangenen fünfunddreißig oder vierzig Jahre gekannt habe und der ein solches Programm befolgte, anschließend nicht nur imstande war, mit seinen Krankheiten fertigzuwerden, sondern auch schlimmere Katastrophen verhindern konnte – sogar dann, wenn chirurgische Maßnahmen empfohlen worden waren – und die Befriedigung empfinden durfte, tatsächlich jünger geworden zu sein.

Die natürliche Reaktion eines Menschen, der so etwas zum ersten Mal liest, ist die Frage: Wenn das wahr und wenn das so nützlich ist – warum weiß und praktiziert der Rest der Welt es nicht auch? Die Antwort ist wirklich sehr einfach. Der Grund dafür, warum das alles nicht allgemein anerkannt ist, ist die Ungeduld der meisten kranken und leidenden Menschen. Sie wollen rasche oder sofortige Resultate sehen. Dieses Programm ist härter und dauert viel länger als das Schlucken einer Pille oder eine Spritze in den Arm. Die Menschen werden verleitet, diese schnell wirkenden Mittel zu verwenden, und indem sie nach raschen, greifbaren Erfolgen streben, übersehen sie die Tatsache, daß anschließende Probleme in Form von späteren Erkrankungen und Beschwerden die direkte Folge solcher Mittel sein können.

Zwar benötigt die Natur Zeit, um zu heilen, aber die Ergebnisse sind dann auch von Dauer. Es gibt keine Schmerzen oder Beschwerden in irgendeinem Teil des Körpers, von denen nicht der gesamte Organismus betroffen wäre. Die Menschen verstehen meist nicht, daß – wenn die Natur heilt – ihr Körper häufig Reaktionen zu spüren bekommt, die mit Geduld und innerer Stärke ertragen werden müssen, bis ihnen die Natur schließlich einen gesünderen und jüngeren Körper verschafft. Wenn die Menschen dies erkennen und verstehen und anwenden, lernen sie, daß die Natur vom Menschen ein einfaches Leben erwartet.

Es ist der Mensch, der das Leben kompliziert macht. Wenn wir nur lernen würden, unser Leben nach einfachen Regeln einzurichten, wäre es für uns auch viel leichter zu lernen, wie man jünger wird.

Auch Sie werden Erfolg haben, wenn Sie sich der Kraft bewußt werden, die in Ihnen steckt.

Kapitel 6
Kohlenhydrate und Getreide

Es ist nicht meine Absicht, meine Leser zu erschrecken und sie glauben zu machen, sie seien der ewigen Verdammnis überantwortet, wenn sie ihre Eßgewohnheiten nicht plötzlich änderten. Nichts läge mir ferner als das.

Zunächst einmal haben die meisten Menschen gar nicht genug gelitten, um über Nacht zu einem derart drastischen Wandel bereit zu sein. Zudem ist das auch nicht notwendig. Wenn wir jedoch jünger werden wollen, ist es nach meiner Auffassung und Erfahrung bestimmt sehr wichtig, daß wir etwas für die Reinigung unseres Körperinneren tun.

Um diesen Aspekt unseres Programms verstehen zu können, empfiehlt es sich, einen kurzen Überblick über die Prozesse zu geben, die die Nahrung, die wir essen, durchlaufen muß, um entweder verdaut zu werden und dadurch die Zellen und Gewebe unseres Körpers zu ernähren oder um sich zu Giften zu entwickeln, die wir bekämpfen müssen.

Es ist eine schmerzliche Unterlassungssünde unserer Lehrer, daß sie meistens kein lückenloses Studium der menschlichen Anatomie in ihre Grundlehrpläne aufgenommen haben. Ich fordere seit Jahren, daß man Kindern alles über ihre Körper – außen wie innen – lehren sollte, noch bevor man ihnen Lesen, Schreiben und Rechnen beibringt. Dann würden sie lernen, wie ungeheuer wichtig es während des ganzen Lebens ist, auf seinen Körper zu achten. Sie würden lernen, daß sie sich, wenn sie ihren Körper richtig ernähren, wie die Natur es verlangt, zu intelligenteren und nützlicheren Bürgern entwickeln würden, da ihre Geisteskräfte wacher und klarer wären. Sie würden lernen, daß es ihr eigener Fehler wäre, wenn sie altern, wenn sie nutzlos und vorzeitig schwach werden. Sie würden außerdem lernen, daß Krankheiten nichts Mysteriöses sind und daß die Natur uns mit allen Mitteln ausgestattet hat, um Krankheiten ein Leben lang zu verhindern.

Sie würden lernen, in Ehrfurcht vor allem Lebendigen heranzuwachsen. Sie würden zu Menschen heranwachsen, die schon den bloßen Gedanken verabscheuen, Tiere und Menschen zu schädigen. Sie würden die Praxis heftig bekämpfen, Tiere mit Krankheitserregern zu quälen, um daraus Seren und Impfstoffe herzustellen – das größte Verbrechen dieses Jahrhunderts. Sie würden lernen, daß es sich hier um ein Komplott von Geschäftemachern handelt, die Seren und Impfstoffe verkaufen wollen, Substanzen, die nichts dazu beitragen, Krankheiten zu verhindern und zu heilen.

Aber glauben Sie diese Behauptungen nicht, ohne sie, wie ich, untersucht zu haben: gründlich, unvoreingenommen und aufgeschlossen. Ich möchte später versuchen zu erklären, wie phantastisch diese Behauptungen sind.

Wären wir von Kindheit an dazu angeleitet worden, die Funktionen unseres Körpers zu verstehen, wüßten wir, daß sich unser Körper aus Millionen mikroskopisch kleiner Zellen zusammensetzt. Daraus bestehen alle Gewebe, Flüssigkeiten und Knochen in unserem Organismus. Winzig, wie diese Zellen sind, sind sie doch mit Leben und Intelligenz ausgestattet. Sie reagieren auf seelische Reize, ob wir uns dessen bewußt sind oder nicht. Sie sind unsere Diener in jeder denkbaren Hinsicht. Wie Dienstboten in unserem täglichen Leben brauchen sie Nahrung, um ihre Arbeit tun zu können. Selbst Dienstboten in unseren Häusern, Büros und Fabriken können nicht arbeiten, wenn sie hungern, und andererseits steht die Qualität ihrer Arbeit gewöhnlich in unmittelbarer Beziehung zur Quantität und Qualität der Nahrung, die man ihnen zugesteht. Was unseren Körper betrifft, so hat ihn die Natur mit sehr viel Widerstandskraft ausgestattet, wenn man bedenkt, welch geringe Fürsorge wir diesen kleinen Helfern, unseren Zellen, zukommen lassen.

Wenn wir durch unsere Arbeit oder unsere Ernährung die Grenzen dieser Widerstandskraft erreichen, werden wir auf indirekte Weise gewarnt. Wir werden vielleicht müde oder erschöpft. Wir leiden vielleicht an Kopfschmerzen oder an einer oder mehreren der Beschwerden, die in medizinischen Lexika aufgezählt werden.

Wenn wir diese Warnsignale aus Unwissenheit oder Nachlässigkeit mißachten, gibt uns die Natur als nächstes mit einer richtigen Krankheit einen Denkzettel. Derartige Zustände ergeben sich unmittelbar aus dem Zustand und der Umgebung der Zellen in unserem Körper. Wenn wir es unterlassen haben, Nahrung zu essen, die diese Zellen ernährt, und es gleichzeitig unterlassen, den Körper von angesammelten Schlacken zu säubern, lassen wir die Zellen nicht nur hungern, sondern belasten sie auch mit den Giften, die der Körper den im Organismus gespeicherten Schlacken entnimmt.

Nach meiner Erfahrung und der Erfahrung sehr vieler anderer brauchen diese kleinen Zellen *lebendige Nahrung*. Außerdem muß unsere Nahrung so beschaffen sein, daß die Verdauungsorgane die Atome und Moleküle, aus denen sie sich zusammensetzt, trennen und absondern können, damit das Blut und die Lymphe sie zu diesen Zellen befördern können.

Ungeachtet dessen, was wir essen und trinken: Wenn wir vernünftig sind und dieses Prinzip der Zellernährung verstehen, sollten wir es uns zur Gewohnheit machen, jeden Tag wenigstens eine ausreichende Menge lebendiger Nahrung zu essen, um die Zellen und Gewebe unseres Körpers damit zu versorgen. Ich möchte etwas später erklären, warum frische rohe Säfte am besten für diesen Zweck geeignet sind. Wenn wir jeden Tag einen halben oder ganzen Liter Säfte trinken, werden wir daraus enormen Nutzen ziehen – wenn nicht sofort, dann sicherlich im Laufe der Zeit. Frische, rohe Gemüse, Salate und frisches Obst, ganz gegessen, sind natürlich genauso gut, wenn nicht sogar besser.

Ich möchte an dieser Stelle sagen, daß Gemüse und Salate den Körper aufbauen, während Früchte ihn reinigen. Wir müssen daher im Auge behalten, daß Früchte nicht Gemüse und Salate ersetzen können und daß sie auch nicht die gleiche Wirkung auf den Körper haben. Außerdem möchte ich nachdrücklich darauf hinweisen, daß alle diese Lebensmittel roh sein müssen, damit sie lebensspendend und aufbauend wirken. Wenn man diese Lebensmittel oder ihre Säfte in Dosen verpackt, verarbeitet, konserviert oder pasteurisiert, wird das Leben aus ihnen entfernt und ihre lebensfördernde Wirkung zerstört.

Atome und Moleküle sind die kleinsten Teile, in die Materie für praktische Zwecke zerlegt werden kann. Gemüse, Salate und Obst bestehen aus Atomen und Molekülen. Wenn sich zwei oder mehr Atome miteinander verbinden, bilden sie ein Molekül. Darum ist die chemische Formel für Wasser H_2O; das heißt, daß sich das kleinste Wasserteilchen aus zwei Wasserstoffatomen und einem Sauerstoffatom zusammensetzt. Die Formel für das Stärkemolekül ist $C_6H_{10}O_6$. Dies bedeutet, daß es sich aus sechs Kohlenstoffatomen, zehn Wasserstoffatomen und sechs Sauerstoffatomen zusammensetzt.

Das Interessante am Stärkemolekül ist, daß es nicht in Wasser, Alkohol oder Äther lösbar ist. Als mir diese Tatsache zum ersten Mal bewußt wurde, erkannte ich sofort, warum Getreide und Kohlenhydrate, die ich in solchen Mengen verzehrt hatte, eine derartige verstopfende Wirkung auf die Leber hatte, daß sie davon hart wie ein Brett wurde. Außerdem hatte ich nun die Erklärung dafür, warum in der Gallenblase und in den Nieren Gries und Steine gebildet werden und warum sich das Blut in den Blutgefäßen und in den Kapillaren unnatürlich verklumpt und im ganzen Organismus Hämorrhoiden, Tumore, Krebs und andere Störungen bewirkt.

Eine sorgfältige Untersuchung enthüllte mir ferner, warum so viele Menschen, die gewohnheitsmäßig Weißbrot, Getreide und andere Mehlspeisen und Kohlenhydrate essen, Pickel und andere, ernstere Hautunreinheiten haben.

Ich fand heraus, daß das Stärkemolekül – da es nicht wasserlöslich ist – als stabiles Molekül durch den Blut- und Lymphstrom wandert, ohne daß die Zellen, Gewebe und Drüsen des Körpers es nutzen könnten. Darum versucht der Körper es auszuscheiden. Wenn die Ausscheidungsorgane mit einer Ansammlung dieser Moleküle belastet werden – in Form eines Belages an ihren Wänden, vergleichbar dem Gips an den Wänden eines Zimmers –, können sie durch diese Kanäle nicht entfernt werden. Der nächstbeste Weg zu ihrer Entfernung führt durch die Poren der Haut, und darum bekommen wir Pickel.

Auch hier hilft uns wieder die Natur. Bakterien gedeihen auf kaum einer anderen Substanz besser als auf Stärke. Infolgedessen helfen sie uns, indem sie eine Anhäufung von Stärkemolekülen zu Eiter abbauen, der durch die Haut besser ausgeschieden werden kann. So entstehen Pickel.

Mit diesem Bild vor Augen können Sie vielleicht bereitwilliger meine Behauptung akzeptieren, daß kein Heilverfahren von dauerhafter Wirkung sein kann, bevor nicht die Ausscheidungsorgane gründlich von angehäuften Schlacken gereinigt und gleichzeitig alle Getreide- und stärkereichen Produkte aus der Nahrung verbannt werden. Für den, der in herkömmlichen Bahnen denkt, hört sich dies zweifellos äußerst drastisch und radikal an angesichts der Tatsache, daß die Menschen seit Tausenden von Jahren von Getreide und stärkereicher Nahrung lebten. Meine Antwort auf diese Argumentation ist der Hinweis auf die Tatsache, daß kranke Menschen, die keine Getreide- oder stärkereiche Nahrung essen, sondern nur lebendige, lebensfördernde Nahrung zu sich nehmen, nicht nur ihren körperlichen und seelischen Zustand verbessern, sondern gewöhnlich auch die meisten ihrer Krankheiten loswerden.

Außerdem: Haben Sie bemerkt, wie im Laufe der Zeit die Haut von Menschen, die viel Stärke- und Getreidenahrung verzehrt haben, schrumpft, austrocknet und welkt? Die Behauptung, Stärke- und Getreidenahrung liefere alles, was ein Junge braucht, um eine Sportskanone zu werden, und alles, damit ein Mädchen ein Filmstar wird, gründet sich auf Halb- und Unwahrheiten.

Wenn Sie für diese Tatsache einen Beweis brauchen, dann sehen Sie sich einfach um an den Tischen der Imbißhallen, Trinkhallen und Eisdielen und zählen Sie die Kinder und Jugendlichen, deren Gesichter mit Pickeln, Furunkeln, Ekzemen und anderen Hautausschlägen und -unreinheiten übersät sind. Ich bin sicher: Sie werden unweigerlich feststellen, daß sie Stärke fast aller anderen Nahrung vorziehen.

Dies ist die Folge falscher Erziehung. Wenn diese jungen Leute nur ein paar Jahre vorausschauen könnten, würden sie lernen, ihren Appetit zu zügeln, und nur noch solche Nahrungsmittel essen und trinken, die sie in späteren Jahren befähigen, jünger, attraktiver, dynamischer und erfolgreicher zu sein.

Auch Sie werden Erfolg haben, wenn Sie sich der Kraft bewußt werden, die in Ihnen steckt.

Kapitel 7
Zucker und Süßigkeiten

Sie sind vielleicht schockiert darüber, welche Wirkung Getreide
und stärkereiche Nahrung auf den menschlichen Organismus
haben. Dieses Kapitel über die Wirkung von Zucker und Süßigkeiten wird kein dertiger Schock sein. Die meisten Leute wissen
bereits, daß Zucker, Süßigkeiten und Ähnliches schädlich sind.
Die Zuckerkrankheit hat der Gesundheit von Kindern und ebenso von Erwachsenen derart verheerende Schläge versetzt, daß
die Mahnung, den Verzehr dieser Dinge einzuschränken, allgemein verbreitet ist. Dennoch scheint die Warnung in das eine
Ohr hinein- und zum anderen wieder hinauszugehen, ohne daß
ein Gefahrensignal zur Kenntnis genommen wird: bis sich Diabetes oder eine andere Störung zeigt.

Wenn wir raffinierten Zucker in irgendeiner Form essen – in
der Nahrung, in Süßigkeiten oder in Flüssigkeiten –, gärt er im
Körper und führt zur Bildung von Essigsäure, Kohlensäure und
Alkohol. Essigsäure ist eine starke, zerstörerische Säure, wie ihre Verwendung zum Wegbrennen von Warzen auf der Haut be-
zeugt. Wenn sie auf der Hautoberfläche so zerstörerisch wirkt,
überlasse ich es Ihnen, sich vorzustellen, welchen Schaden sie
den empfindlichen Schleimhäuten im Darmtrakt zufügt.

Ihre Wirkung ist sogar noch ausgeprägter, wenn sie rasch in
den Organismus gelangt. Wegen ihrer Neigung, sich mit den
Fetten im Nervengewebe zu verbinden, führt ihre Reaktion in
den Nerven zu Lähmungen.

Der Alkohol wirkt ebenso zerstörerisch und sogar noch verheerender, da er im Körper zu einem Lösemittel für Substanzen wird, die nur in Alkohol löslich und schwer wiederaufzubauen sind. Er neigt dazu, allmählich das Nierengewebe zu zerstören. Er greift die Nerven an, die in enger Verbindung mit dem Gehirn stehen, und hat die Neigung, die Wahrnehmungsfunktionen, die Konzentrationsfähigkeit und die Bewegung zu stören.

Wenn wir Zucker essen oder Flüssigkeiten trinken, in denen er enthalten ist – zum Beispiel in Limonaden oder Colagetränken –, ist auch die Wirkung auf die Bauchspeicheldrüse äußerst schädlich. Die Bauchspeicheldrüse ist die aktivste unserer Verdauungsdrüsen, sie ist in den Zwölffingerdarm – den »zweiten Magen« – eingebettet, und eine Röhre führt von ihr bis in sein Zentrum. Durch diese Röhre leitet sie die notwendigen Verdauungssäfte in den Zwölffingerdarm, um uns das Verdauen verschiedener Nahrung zu ein und derselben Zeit zu ermöglichen. Wenn wir etwas essen oder trinken, was Zucker enthält, ist die Bauchspeicheldrüse sowohl überlastet als auch störenden Reaktionen ausgesetzt. Das liegt vor allem daran, daß Zucker ein »totes«, raffiniertes Produkt ist, und die daraus sich entwickelnde Störung ist die Ursache vieler Leiden und Beschwerden.

Man kann geradezu sagen, daß Zucker im Organismus eine Droge ist und daß Menschen, die ihn häufig verwenden, früher oder später die gleiche Degeneration erleiden, die ein Drogenabhängiger erfährt.

Wenn ich von der zerstörerischen Wirkung des Zuckers spreche, meine ich das Fabrikprodukt. In diese Kategorie gehören weißer und brauner Zucker, Rohzucker und alle anderen Zuckerarten einschließlich Melasse und Ahornzucker. Sie alle werden durch Erhitzen gewonnen. Der weiße Zucker wirkt in größtem Ausmaß zerstörerisch und degenerativ, da er gewöhnlich mit Hilfe von Schwefelsäure »raffiniert« wird. Die einzigen Zuckerarten, die für den menschlichen Körper einen Nutzen haben, sind die natürlichen Zucker, die man in rohen Früchten und natürlich im Honig findet. Alle Früchte und viele Gemüse enthalten in rohem Zustand natürlichen Zucker, bekannt als Fruchtzucker.

Der raffinierte Zucker ist besonders schädlich für die Zähne. Kinder, die Süßigkeiten – gleich welcher Art – essen, haben guten Grund, ihre Eltern dafür verantwortlich zu machen, wenn ihnen ihre Zähne in späteren Jahren Beschwerden bereiten. Paradontose zum Beispiel überfällt uns nicht plötzlich. Sie ist die Folge heimtückischer, langsamer Degeneration des Zahnfleisches und der Zähne, die auf übermäßigen Verzehr von zucker- und stärkehaltiger Nahrung während der vergangenen Jahre zurückzuführen ist.

In einem meiner Seminare in Los Angeles meldete sich beispielsweise eine Dame, die von einem vereiterten Zahn geplagt wurde. Sie war eine meiner regelmäßigen Teilnehmerinnen, und während der Stunde über Zahnpflege stand sie auf und erzählte, sie habe am folgenden Tag einen Termin mit dem Zahnarzt, um sich wegen eines schmerzhaften Abszesses einen Zahn ziehen zu lassen. Sie fragte, was ich an ihrer Stelle tun würde. Ich sagte ihr, ich würde den Zahnarzttermin rückgängig machen und stattdessen einen Termin für eine Darmspülung bei einem Spezialisten vereinbaren.

Als ich sie zwei Jahre später sah, erzählte sie mir, sie habe genau das getan. Ihre Schmerzen verschwanden kurz nach der Darmspülung, und der Abszeß verschwand ebenfalls vollständig. Das war völlig natürlich, weil der Abszeß ein Versuch des Körpers war, Schlacken zu entfernen. Nachdem der Dickdarm gründlich gesäubert worden war, konnte das Gift durch eben diesen Kanal hinausbefördert werden, anstatt durch das Zahnfleisch zu dringen.

Zucker ist aber nicht nur für sich alleine schädlich. Wenn er zusammen mit Früchten, gleich welcher Art, verzehrt wird, zerstört er auch deren Wert. Früchte reinigen den Körper, und sogar die Früchte, die sauer schmecken, reagieren im Organismus alkalisch, vorausgesetzt natürlich, daß sie reif sind. Wenn jedoch Zucker hinzugefügt wird, ändert sich der chemische Ablauf bei ihrer Verdauung völlig, und sie erzeugen eine gewaltige Menge Säure im Körper.

Diese Tatsachen unterbreite ich Ihnen, damit Sie darüber nachdenken. Wenn Sie sie sorgfältig abwägen, werden Sie voll und ganz verstehen, warum wir bei unserem Wunsch, jünger zu werden, alle Fabrikzuckerarten, alle Nahrungsmittel und Getränke, die ihn enthalten, sowie sämtliche Süßigkeiten vollständig meiden müssen. Wenn wir süßen möchten, verwenden wir Honig, der ohne übermäßige Hitze aus der Wabe gewonnen wurde. Honig ist ein vorverdautes Kohlenhydrat, das verwendet werden kann.

Wenn wir Lust auf etwas Süßes verspüren, dann essen wir ungeschwefelte Datteln, Feigen, Rosinen und andere Früchte, die reich an natürlichem Zucker sind. Wenn uns zum Beispiel ein Schokoriegel angeboten wird, lehnen wir ihn ab, da wir wissen, daß die gesundheitsfördernde Wirkung, die ihm angedichtet wird, nicht auf Tatsachen beruht, und daß wir uns nur selbst schaden, wenn wir ihn essen. Wenn wir ihn essen, kann uns das den Beweis liefern, daß die Befriedigung unserer Sucht nach Süßigkeiten gewiß nicht der richtige Weg zur Verjüngung ist.

Oft hören wir von Sporttrainern, daß sie ihren Sportkanonen kurz vor einem Wettkampf Zucker geben. Zweck dieser Maßnahme ist es, dem Sportler einen zusätzlichen »Energiestoß« zu geben. Sowohl der Trainer als auch der Sportler sind sich in solchen Fällen nicht bewußt, was geschieht, wenn der Energiestoß des Zuckers verpufft ist. In der Regel ist der Sportler dann völlig erschöpft und bricht am Ende des Wettkampfs zusammen. Dies liegt daran, daß der Körper zu seiner Leistung durch ein falsches Stimulans mit explosiver Wirkung hochgeputscht wurde. Das ist so, als ob man Benzin in einen Ölofen gießt, weil Benzin einen größeren Brenn- oder Kalorienwert hat. Die Folge ist eine zerstörerische Explosion.

50

Vor einigen Jahren besuchte ich Freunde im Osten, deren Haus am Ufer eines Flusses lag, wo Universitätsstudenten für ihre Ruderwettkämpfe trainierten. Ich schloß mit einem der Trainer Bekanntschaft und riet ihm, er solle bei einem Rennen jedem Mitglied seiner Mannschaft unmittelbar vor dem Start einen Eßlöffel Honig geben. Das tat er. Das Rennen ging knapp aus. Das gegnerische Team gewann zwar glücklich mit einem kleinen Vorsprung, aber jedes Mitglied der Mannschaft brach nach dem Ende des Rennens zusammen. Dagegen waren alle Mitglieder seines Teams in der Lage, zum Clubhaus zurückzurudern! Der Trainer des gegnerischen Teams hatte jedem Mannschaftsmitglied drei Würfel weißen Zucker gegeben.

Wir sollten unser Gehirn und unsere Intelligenz benutzen, bevor wir irgendetwas hinunterschlucken, was wir in den Mund nehmen.

Kapitel 8
Eiweiß

Wenn Leute, die meine Ernährungsgewohnheiten nicht kennen, erfahren, daß ich weder Fleisch noch Fisch noch Geflügel esse, fragen sie: »*Woher bekommen Sie dann Ihr Eiweiß?*«

Ich glaube, dies ist eine der am häufigsten gestellten Fragen, wenn man sich über das Thema Vegetarismus unterhält. Daran zeigt sich, wie groß die Wissenslücken sind, was den Aufbau der Zellen und Gewebe des Körpers angeht. Solche Fragen sind auch ein Beweis dafür, daß die Menschen keine Vorstellung davon haben, wie sich die Verdauung von konzentriertem Eiweiß, wie zum Beispiel Fleisch, auf die Gesundheit und die Lebensdauer auswirkt.

Diese Fragen sind so wichtig geworden, daß ich mich in meinem Buch »*Täglich frische Salate erhalten Ihre Gesundheit*« ausführlich dem Thema Eiweiß und Aminosäuren widme. Um eine Wiederholung der zwölf oder dreizehn Seiten dieses Buches, in dem dieses Thema behandelt wird, zu vermeiden, empfehle ich Ihnen, daß Sie sich ein Exemplar besorgen und es studieren. Was ich hier sage, ergänzt nur die Ausführungen dort.

Zunächst einmal kann der menschliche Körper *kein* vollständiges Eiweiß – beispielsweise Fleisch, Fisch oder Geflügel – verwerten, sondern muß es in die Atome und Moleküle zerlegen und auflösen, aus denen es sich zusammensetzt. Dann ordnet er die Atome neu an, die erforderlich sind, um genau die Aminosäuren herzustellen, die im Augenblick benötigt werden und die völlig verschieden sein können von denen des Fleisches, das wir gerade essen.

Während dieses Zerlegungs- und Auflösungsprozesses macht das Verdauungssystem in der Tat Überstunden, was die übermäßige Bildung von Harnsäure zur Folge hat. Diese Harnsäure gelangt selbstverständlich in den Körper und wird hauptsächlich von den Muskeln aufgenommen. Früher oder später ist für einige Muskeln der Sättigungspunkt erreicht, und die Säure kristallisiert, bildet winzige Harnsäurekristalle in Form von mikroskopisch kleinen, harten und scharfen Kristallen.

Dann beginnen die wahren Probleme, da die Muskelbewegungen dazu führen, daß diese winzigen scharfen Kristalle die Nervenhüllen durchbohren; die daraus folgenden Beschwerden bezeichnet man als Rheuma, Neuritis, Ischias usw.

Ich machte diesbezüglich eine interessante Erfahrung, und zwar bei einer Diskussion über dieses Thema mit einem befreundeten Arzt und Studienkollegen. Bei einer seiner Patientinnen hatte sich eine Anämie entwickelt, und er hatte ihr Leberextrakt und eine fleischreiche Diät verordnet.

Als er mir davon erzählte, vergaß ich all meine Diplomatie und platzte heraus: *»Du meine Güte – sie wird vom Leberextrakt die Brightsche Krankheit (eine Nierenkrankheit) bekommen und Neuritis oder Rheuma vom Fleisch!«* Unnötig zu sagen, daß er allein den Gedanken daran als lächerlich empfand, zumal das Blutbild seiner Patientin sich zu seiner vollen Zufriedenheit verbesserte. Ich bat ihn, wenigstens fünf Jahre lang sorgfältige Aufzeichnungen über den Fall zu machen, und er versprach, das zu tun. In weniger als drei Jahren stellten sich rheumatische Beschwerden ein, und in den folgenden Jahren entwickelte sich die Brightsche Krankheit, ein Zusammenbruch der Nierenfunktion.

Dieser Beweis ist natürlich anfechtbar, da sie seine Patientin war und ich sie nie gesehen hatte. Dennoch war ihr Arzt damit einverstanden, mit reinigenden Darmspülungen zu experimentieren. Er verordnete die Diät, die wir gemeinsam zusammenstellten, um ihre äußeren Verhältnisse und ihre Lebensweise zu korrigieren.

Er bat sie, morgens sofort nach dem Aufstehen zuerst den Saft einer ganzen Zitrone in ein Glas mit heißem Wasser zu geben, ebenso am Mittag und am Nachmittag zwischen den Mahlzeiten. Er legte ihr dringend nahe, jeden Tag soviel frischen, rohen Gemüsesaft zu trinken, wie sie konnte. Sie trank einen halben oder ganzen Liter gemischten Saft aus Karotten, Rüben und Gurken, einen halben Liter Karotten- und Spinatsaft und, soweit möglich, einen halben Liter Saft aus Karotten, Sellerie, Petersilie und Spinat, wobei sich die Anteile nach den Rezepten des Buches »Frische Frucht- und Gemüsesäfte« richteten.

Nach wenigen Wochen meldete er sich bei mir, um mir mitzuteilen, seine Patientin erhole sich in einer für ihn rätselhaften und erstaunlichen Weise.

Alter ist fast gleichbedeutend mit Schwäche. Oft können wir sogar hören, wie Leute, die nicht die Kraft haben, etwas zu tun, was man von ihnen erwartet, gefragt werden, ob sie sich schon alt fühlen.

Wenn Sie es noch nicht wissen, werden Sie wohl überrascht sein zu erfahren, daß uns von all unseren Nahrungsmitteln Stärke und Fleisch am meisten schwächen. Die Vorstellung, Fleisch sei notwendig für jemanden, der hart oder schwer arbeitet, ist total falsch und vollständig widerlegt. Haben Sie je bemerkt, wie müde sich Menschen fühlen, wenn sie ein Festessen zu Ostern oder Weihnachten hinter sich haben? Statt sich stark, energiegeladen und aktiv zu fühlen, wollen sie gewöhnlich schlafen, und die meisten tun es auch. Wenn Fleisch und Stärke energiespendende Nahrung wären, dann wäre dies anders.

Andererseits fühlen sich diejenigen von uns, die nur rohe Salate, Gemüse und Früchte essen und viel frische Säfte trinken, immer besser, wenn sie vom Tisch aufstehen als vor dem Essen. Gäste, die bei solchen Mahlzeiten mit uns essen, sind völlig erstaunt darüber, daß sie ganz satt geworden sind, und sie sind verwundert, daß sie sich noch Stunden danach erfrischt und voller Energie fühlen.

Die Erklärung ist sehr einfach und logisch. Festmahle bestehen aus Fleisch und Stärke und ernähren den Körper nicht. Die Nahrung ist nicht lebendig, nicht lebensspendend. Das Leben in der Nahrung wurde durch Kochen zerstört, und das Essen dient nur als Magenfüller und bildet gewöhnlich gewaltige Mengen an unangenehmem Gas. Rohkostmahlzeiten sind andererseits lebendig, und sie versorgen den Körper mit Nahrung, die uns dauerhafte Kraft und Energie verschafft.

Manchmal wird darauf hingewiesen, Vegetarier seien in der Regel keine besonders guten Beispiele für Gesundheit und Vitalität. Der Grund dafür ist, daß diese Menschen lediglich Fleisch, Fisch und Geflügel von ihrem Speiseplan gestrichen haben, aber stattdessen große Mengen Getreide und stärkereiche Nahrung essen. Oft kochen sie die meisten oder alle Gemüse und trinken, wenn überhaupt, nicht genügend frische Säfte. Bei einer solchen Kost ist es praktisch unmöglich, einen gesunden Körper zu haben, der von Energie und Vitalität überschäumt, denn die kleinen Stärkemoleküle unterlaufen alle guten Absichten.

Es ist nicht richtig, Vegetarier als einheitliche Gruppe zu beurteilen, solange ihre Gruppenzugehörigkeit nicht definiert wird. Strenge Rohkostvegetarier, die viel frische Säfte trinken, sind fast ausnahmslos außergewöhnliche Menschen, die jeden Tag jünger werden.

Es ist eine interessante Beobachtung, daß bei den Menschen, die Fleisch essen, der Atem selbst dann einen deutlichen Verwesungsgeruch aufweist – und sei er noch so schwach –, wenn sie Darmspülungen machen. Das ist unvermeidlich, da fast alles Fleisch mit erheblichen Mengen Adrenalin aus den Nebennieren der Tiere behaftet ist. Die Nebennieren sind kleine, kapuzenförmige Organe, die oben auf den Nieren sitzen. Das Adrenalin, das sie absondern, ist derart wirksam, daß die Wirkung einer Atombombe zur Bedeutungslosigkeit schrumpft, wenn man sie mit dieser mächtigen Substanz vergleicht. Wenn die Nebennieren einen Tropfen Adrenalin an das Blut abgeben, wird er sofort um das Ein- oder Zweimilliardenfache verdünnt. Dies ist vergleichbar mit einem einzigen Tropfen Tinte, der in vierzehn Millionen Litern Wasser aufgelöst wird.

Wenn Sie diese Proportionen nicht fassen können, stellen Sie sich das Verhältnis von anderthalb Straßenkilometern zu einer Strecke von fünftausend Mondreisen vor. Verstehen Sie jetzt, was für ein starkes Gift Adrenalin ist, wenn es außer Kontrolle gerät? Immer wenn wir wütend oder von Angst erfüllt sind, werden die Nebennieren aktiver als sonst, und mehr Adrenalin fließt ins Blut, je nach dem Ausmaß der Angst und der Wut.

Wenn ein Tier zum Schlachten geführt wird, ist es voller Furcht, ebenso wie es ein Mensch an seiner Stelle wäre. Seine Nebennieren stoßen so viel Adrenalin aus, daß der Körper des Tieres damit durchtränkt wird. Außerdem beginnt innerhalb von wenigen Minuten nach dem Eintritt des Todes jede Zelle und jedes Gewebe sich aufzulösen.

Der Verzehr von Fleisch ist eine Gewohnheit, die dieser Generation aufgrund einer Tausende von Jahren alten Praxis überliefert wurde, für die es keine vernünftige Grundlage oder Ausrede gibt. Der Mensch hat sich daran gewöhnt, am Fleisch von Tieren Geschmack zu finden, ohne zu überlegen, ob sein Verzehr nützlich oder schädlich ist. Er mag es nun mal, will es haben, ißt es – und erleidet dann die Strafe für dieses Tun.

In meiner ganzen Praxis habe ich nie einen Menschen gefunden, der fünf bis zehn Jahre oder länger von frischen rohen Salaten, Gemüsen und Früchten lebte und eine vernünftige Menge frischer Gemüse- und Fruchtsäfte trank und der während dieses Zeitraums jemals an einer der Beschwerden gelitten hätte, die durch Ansammlung von Harnsäure im Körper hervorgerufen werden. Auf der anderen Seite war bei jedem Fall von Rheuma, Neuritis oder Ischias, den ich erlebt habe und bei dem ich die

Ernährung kontrollieren konnte, Fleisch unweigerlich regelmäßiger Bestandteil der Ernährung. Daraus zog ich schon vor langer Zeit den Schluß, daß man kein Fleisch mehr essen sollte, wenn man jünger werden will.

Natürlich rate ich nicht dazu, daß jeder seine Essens- oder Lebensgewohnheiten ändert. Jeder hat das Recht, zu essen und zu leben, wie er es wünscht. Den Weg aufzuzeigen, ist alles, was ich tun kann. Ich habe selbst den schweren Weg gehen müssen, und das müssen die anderen auch. Ich bin nie mit Experimenten, Erfahrungen oder Ratschlägen zufrieden, sofern und solange ich sie nicht selbst ausprobiert und zu meiner eigenen Befriedigung bewiesen habe. Dann weiß ich, daß ich recht habe.

Was jemand anderes denkt, berührt mich nicht. **Solange ich die Wahrheit kenne, macht mich die Wahrheit frei.**

Kapitel 9
Milch, Sahne und Milchprodukte

Die Milchindustrie ist im Laufe der letzten Jahrzehnte wie ein Tintenfisch gewachsen; heute reichen ihre Tentakel in den Äther, in die Presse und in die Haustürpropaganda: Der Absatz soll gefördert werden, ohne Rücksicht auf Verluste, und offenbar ohne Kenntnis des Schadens, der angerichtet wird. Werbung und falsche Erziehung bringt die Mehrzahl der Menschen dazu, pasteurisierte Kuhmilch als Nahrung zu verwenden, im Glauben, es handle sich um eine vollständige Nahrung für Menschen jeden Alters, von der Wiege bis zur Bahre.

Wir wollen, ohne vorgefaßte Gedanken oder Ideen zum Thema vorzubringen, die Frage erörtern, was Milch ist und was sie bewirkt. Zunächst einmal hat Milch nach dem Willen der Natur die Aufgabe, das Knochengewebe der jeweiligen Tierart aufzubauen. Daher sollen die chemischen Bestandteile der Muttermilch das Kind während eines bestimmten Zeitraums ernähren, so daß sein Knochengewebe sich schließlich so entwickelt, daß es für einen erwachsenen Menschen, dessen Gewicht bei, sagen wir, 55 bis 80 Kilogramm liegt, brauchbar ist*.

Nun aber enthält Kuhmilch dreimal so viel Kasein als Muttermilch; sie soll *ein Kalb* zu einem Gewicht von etwa *750 Kilo* im Reifezustand heranwachsen lassen. Die Analogie ist offensichtlich. Das Übermaß an Kasein in der Kuhmilch wird *vom Kalb* problemlos verdaut und aufgenommen.

---

* Der Aufbau des Knochengewebes ist nur ein Teil der Aufgaben der Muttermilch: Sie dient ganz allgemein dem Aufbau eines gesunden Körpers, ist für den Säugling die einzige gesunde, die einzige vollwertige Ernährung.

Kein Bauer, der bei Sinnen ist, gibt jedoch seinen *ausgewachsenen* Kühen Milch als Futter. Der erhebliche Kaseinanteil in der Kuhmilch wird erst recht nicht vom menschlichen Körper problemlos verdaut und aufgenommen. Außer in seltenen Fällen ist Milch als menschliche Nahrung ungeeignet, da sie den Organismus mit Schleim verstopft (siehe auch *Prof. Arnold Ehret »Die schleimfreie Heilkost«*). Genau das tut Kuhmilch. Dieser Schleim bleibt gewöhnlich in den Stirnhöhlen, in den Atemorganen und in vielen anderen lebenswichtigen Teilen des Körpers stecken.

Ich habe festgestellt, daß Milch fast das am meisten verschleimende Nahrungsmittel ist, das wir unserem Körper zuführen können. Vor einigen Jahren besuchte mich eine kleine alte Dame im Zustand großer Angst. Sie war durch eine Änderung ihrer Gewohnheiten jünger geworden und hatte zuvor jahrelang an Asthma und Heuschnupfen gelitten. Früher war sie eine fleißige Milchtrinkerin gewesen, weil Milch so häufig angepriesen wird.

Als sie erkannte, daß ihre Leiden vom Milchtrinken ausgelöst wurden, hörte sie sofort damit auf. Stattdessen trank sie täglich verschiedene frische Säfte, und im Laufe von einigen Wochen atmete sie natürlich und frei. Vor ihrem ängstlichen Besuch bei mir hatten sich viele Jahre lang keinerlei Anzeichen mehr der einst ständigen Beschwerden durch ihre Krankheiten gezeigt, und sie war voll und ganz zufrieden, daß sie die Ursache ihrer Probleme gefunden und beseitigt hatte.

Ihre Angst am fraglichen Tag galt dem Problem ihres zwei Jahre alten Enkelkindes. Seit seiner Geburt hatte der Junge keine einzige Nacht durchgeschlafen, und es verging kein Tag, an dem seine kleine Nase nicht wie ein Hydrant gelaufen wäre. Ob ich etwas empfehlen könne, was dem Kind ebenso helfen würde wie ihr?

Die Mutter des Kindes war uneingeschränkt für die üblichen orthodoxen Methoden der Pflege und der Ernährung: Milch zu

Versuchen Sie dies!

Schlucken und dabei das Zäpfchen fühlen. Heben und Schließen der Luftröhre, während sich der Kehlkopfdeckel öffnet.

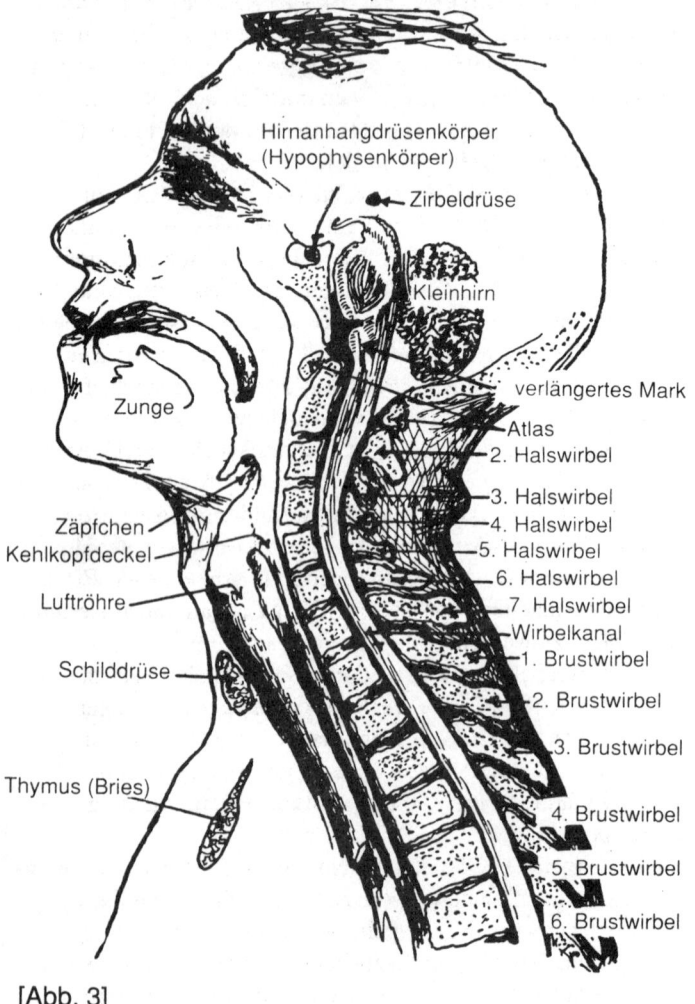

Hirnanhangdrüsenkörper
(Hypophysenkörper)

Zirbeldrüse

Kleinhirn

verlängertes Mark

Zunge

Atlas
2. Halswirbel
3. Halswirbel
4. Halswirbel
5. Halswirbel
6. Halswirbel
7. Halswirbel
Wirbelkanal
1. Brustwirbel

Zäpfchen
Kehlkopfdeckel
Luftröhre

Schilddrüse

2. Brustwirbel

3. Brustwirbel

Thymus (Bries)

4. Brustwirbel

5. Brustwirbel

6. Brustwirbel

[Abb. 3]

60

allen Zeiten, Arzneien zu anderen Zeiten und Getreidegerichte dazwischen. Kein Wunder, daß das arme Kind in einem derartigen Schlamassel steckte! Das Problem war, die Tochter dazu zu bringen, sich für einige Wochen ganz zurückzuziehen und das Kind der Obhut der Großmutter zu überlassen. Das gelang, und sobald die Tochter unterwegs war, machte die Großmutter einen Einlauf bei dem Kind. Orangensaft alle halbe Stunde für den Rest des Tages folgte.

In dieser Nacht schlief das Kind von 20 Uhr bis 6 Uhr durch, ohne einmal aufzuwachen. Nur zwei oder drei Tage lang brauchte sie das Kind mit Orangensaft und Karottensaft zu füttern, mit etwas geriebenem rohem Apfel und ähnlicher Nahrung, die die Säfte ergänzte und etwas Festes lieferte, und schon waren Nase und Augen von Schleim befreit. Gegen Ende der ersten Woche war das Kind völlig normal, verspielt, fröhlich und glücklich. Während der dreiwöchigen Abwesenheit ihrer Tochter bekam das Kind keinen Tropfen Milch, kein Quentchen Getreide oder stärkereiche Nahrung, kein gekochtes Essen. Bei ihrer Rückkehr war die Mutter des Kindes so überwältigt vor Freude, daß sie ihr Kind auch weiterhin so ernährte, wie die Natur es haben will; außerdem änderte sie ihre eigenen Eß- und Denkgewohnheiten. Von diesem Tag an begann auch sie wirklich jünger zu werden.

Bei Erwachsenen ist die Wirkung der Milch genau die gleiche. Etwa vor vier Wochen erhielt ich einen verzweifelten Telefonanruf von einer meiner Leserinnen, deren Ehemann sich bislang nicht zu einem natürlichen Leben bewegen ließ. Milch, Kaffee, Pfannkuchen und andere stärkehaltige Nahrung waren seine Hauptstütze.

Das Unvermeidliche geschah vor einigen Monaten, als er ohne Vorwarnung so heftig von Asthma befallen wurde, daß er fast erstickt wäre. Notärztliche Maßnahmen mußten ergriffen werden, um ihn am Leben zu halten. Unter der Pflege seiner Frau machte er genügend Fortschritte, um zu einer Reise in der

Lage zu sein, und er glaubte, wieder gesund zu werden. Er fuhr nach New York, aber nach seiner Rückkehr kippte er beinahe wieder um. Er entschloß sich, zu mir zu kommen, damit er und seine Frau von meinen Erfahrungen profitieren konnten.

Ich war am Tage, als sie ankamen, nicht zu Hause, und er mußte vom Taxi in das Appartment getragen werden, das wir für ihn gemietet hatten. In dieser Nacht mußten sie drei verschiedene Ärzte rufen, um Notfallmaßnahmen zu treffen, und nach deren Meinung war es zweifelhaft, ob er die Nacht überleben würde. Aber seine Frau hatte einen Entsafter und war imstande, während der ganzen Nacht Fruchtsäfte buchstäblich in ihn hineinzuschütten. Bei meiner Rückkehr am nächsten Tag wurde er zu dem Arzt gebracht, der sich um meine Freunde und Hilfesuchenden kümmert, wenn sie hierher kommen, und er erhielt eine ordentliche Darmspülung. Den ganzen Tag lang und am nächsten Tag und am übernächsten fuhr seine Frau fort, ihm Säfte zu geben, und er machte noch mehr Darmspülungen.

Bevor die Woche zu Ende war, war er in der Lage, selbst zum Arzt zu gehen, und in der folgenden Woche konnte er den Kilometer zur Praxis des Arztes und von dort zurück zu gehen. Heute, nur einen Monat nachdem er praktisch tot war, ist er völlig außer Gefahr, hat zugenommen, läuft in der ganzen Ortschaft umher und ist ein richtiges Problem für seine Frau, die ihr Bestes versucht, ihn daran zu hindern, sich zu übernehmen.

Dies ist keineswegs ein Einzelfall. Ich kenne im ganzen Land Menschen, die ihre Eß- und Lebensgewohnheiten geändert haben und bezeugen können, daß sie vollständig gesund geworden sind: allein durch natürliche Methoden und nachdem sie Milch und Stärke aus ihrer Ernährung gestrichen hatten und ihre Därme sauber und gesund hielten.

Sahne ist ein Fett, und ihre Verdauung läuft völlig anders ab als die der Milch. Sie sollte roh verwendet werden, nicht pasteurisiert, und in vernünftigen Mengen ist sie nicht sonderlich schädlich, obwohl sie natürlich etwas schleimbildend wirkt.

Buttermilch hat in Bezug auf die Ernährung keine besonderen Vorteile, aber sie ist hilfreich bei fiebrigen Entzündungen der Verdauungswege. Wenn man sie kalt trinkt, kann man ihre kühlende Wirkung fast während ihres ganzen Weges durch den Verdauungstrakt spüren. Buttermilch mit Bakterienkulturen, unter welchem Namen sie auch bekannt sein mögen, ist erwiesenermaßen eine einträgliche Handelsware. Ich habe noch keine gefunden, der ich irgendeinen besonderen Nutzen für den menschlichen Körper zubilligen könnte.

Es amüsierte mich, vor einiger Zeit in einem Gesundheitsseminar zu sehen und zu hören, wie eine angereicherte Buttermilch vorgestellt wurde. Die Dame, die sie präsentierte, scheute sich kein bißchen, mit dem Nutzen zu prahlen, den sie daraus ziehe, daß sie diese Milch dreimal täglich trinke. Dennoch kam es ihr, wie ich annehme, nicht in den Sinn, daß sich bei ihr während der Jahre, seit sie, wie sie sagte, diese Milch verzehrte, enorm viel schwammiges Fettgewebe in fast alarmierendem Ausmaß angesammelt hatte. Ihre Figur hatte die Form eines in der Mitte geschnürten Mehlsacks, und ihre triefende Nase verlangte ständiges Herumwedeln mit einem großen Taschentuch.

Eben das meine ich, wenn ich sage, daß Milchprodukte schleimbildend sind. Natürlich kann man nicht abstreiten, daß Milchprodukte bei bestimmten Gelegenheiten für bestimmte Zwecke mit guten Ergebnissen verwendet wurden – in Notfällen. Wenn jedoch nichts getan wurde, die letztlich eintretende Ansammlung von Schleim zu beseitigen, waren die positiven Wirkungen eindeutig nur vorübergehend, selbst wenn sie sich über einen Zeitraum von einigen Jahren ausdehnten. Die Tatsache, daß im Notfall sowohl Milch als auch mit Bakterien angereicherte Buttermilch mit Erfolg angewandt werden können, ist überhaupt kein Grund dafür, daß jedermann sie zu sich nehmen und den Körper mit Schleim füllen sollte.

Lungenentzündung und Tuberkulose sind Krankheiten, die durch übermäßige Schleimbildung im Körper verursacht werden, und bei meinen Forschungen habe ich nie auch nur ein Opfer einer dieser Krankheiten gefunden, das nicht irgendwann einmal in erheblichen Mengen Milch konsumiert hätte. Andererseits habe ich in meinen vielen Jahren der Forschung, im Kontakt mit Tausenden und Abertausenden von Rohkostvegetariern, unter ihnen nicht einen einzigen kennengelernt, der an einer dieser Krankheiten gelitten hätte.

Vielleicht finden Sie die Informationen, die ich in meinem Buch »*Täglich frische Salate erhalten Ihre Gesundheit*« zum Thema Milch gegeben habe, aufschlußreich. Ich nehme hier nur kurz darauf Bezug, da wir bei unserer Suche nach dem sichersten Weg zur Verjüngung so viele andere Aspekte untersuchen müssen.

Auch Sie werden Erfolg haben, wenn Sie sich der Kraft bewußt werden, die in Ihnen steckt.

Kapitel 10
Die richtige
Lebensmittelkombination

Die besten Freunde des Alters sind Gärung und Fäulnis. Beide sind natürliche Vorgänge der Auflösung. Darum beschleunigen sie das Altern beim Menschen. Gärung ist manchmal die Folge zweckmäßigen Abbaus, aber Fäulnis bedeutet zwangsläufig Degeneration und hat keinen Platz in unserem Plan, jünger zu werden. Bakterien wurden von der Natur geschaffen, um Schlacken abzubauen und aufzulösen. Sie selbst sind nicht im geringsten schädlich. Es sind ihre Endprodukte, es sind die Schlacken aus ihrer Tätigkeit, die, zusammen mit übermäßiger Fäulnis, die Probleme verursachen.

Wenn wir unsere Mahlzeiten zubereiten, stellt jedes verwendete Lebensmittel eine chemische Kombination von Elementen, Atomen und Molekülen dar, entsprechend dem Plan der Natur. Wenn die Nahrung aus rohen Gemüsen und Früchten besteht, sind die darin enthaltenen Elemente organische, lebendige Elemente, die in jeder gewünschten Weise kombiniert werden können.

Jede Mischung dieser Art ist nützlich. Die Elemente verbinden sich auf natürliche Weise. Wenn Lebensmittel jedoch verarbeitet oder gekocht werden, wird das Leben in ihren Bestandteilen zerstört. Das gilt für alle Lebensmittel. Stärke, Getreide und Zucker gehören in die alkalische Gruppe, obwohl sie zu einer

Problemzonen

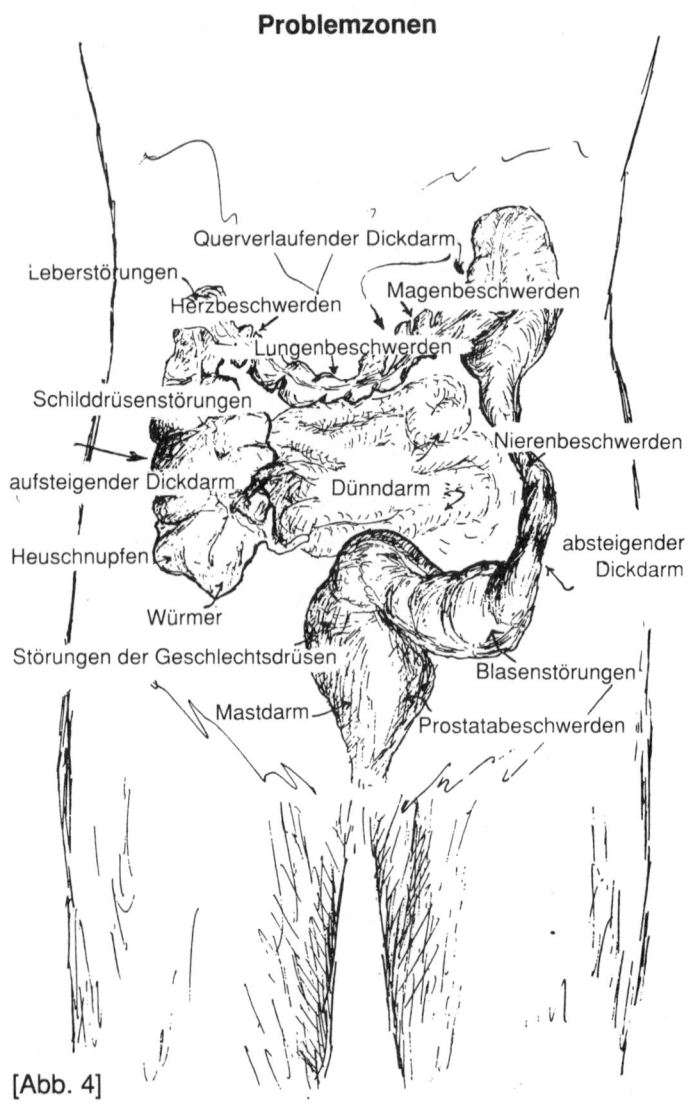

Leberstörungen

Querverlaufender Dickdarm

Herzbeschwerden

Magenbeschwerden

Lungenbeschwerden

Schilddrüsenstörungen

Nierenbeschwerden

aufsteigender Dickdarm

Dünndarm

Heuschnupfen

absteigender Dickdarm

Würmer

Störungen der Geschlechtsdrüsen

Blasenstörungen

Mastdarm

Prostatabeschwerden

[Abb. 4]

Profil eines Mannes mit Problemen

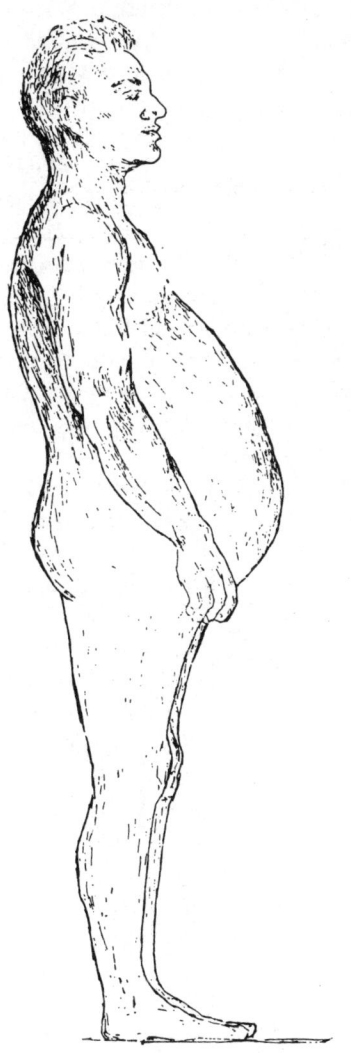

[Abb. 5]

sauren Reaktion im Körper führen, wenn man sie ißt. Im Verdauungsprozeß benötigen sie alkalische Verdauungssäfte. Wenn wir Stärke, Getreide und Zucker – zusammenfassend als Kohlenhydrate bezeichnet – während einer Mahlzeit essen, die auch Eiweiß enthält, müssen wir mit einer ernsten chemischen Situation fertigwerden. Die Verdauung der Kohlenhydrate wird durch die Anwesenheit saurer Magensäfte gestört, und gleichzeitig bleibt die Verdauung des Eiweißes wegen der Anwesenheit alkalischer Verdauungssäfte unvollständig. Die Folge ist Gärung der Kohlenhydrate und Fäulnis der Eiweißnahrung (siehe *»Fit für's Leben«* von *Harvey und Marilyn Diamond*).

Diese Folgen sind sehr klar und real und keine bloße Phantasie oder Theorie. Sie sind viel zu oft bewiesen worden, um Raum für Zweifel zu lassen – außer in den Köpfen derjenigen, die ihr Fleisch und ihre Kartoffeln so innig lieben, daß sie blind gegenüber Tatsachen werden.

Meiner Ansicht nach kann es keinen besseren Beweis geben als den Fall eines Mannes, der kürzlich in diese Stadt kam, um meine Forschungen zu studieren. Er war britischer Herkunft, und kaum eine Mahlzeit war für ihn vollständig, wenn sie nicht Fleisch und Kartoffeln und häufig noch Yorkshire-Pudding (Rindfleisch im Teigmantel) enthielt. Vor etwa einem Jahr hatte er einen Schlaganfall gehabt, dem in verhältnismäßig kurzer Zeit drei weitere folgten. Sie beraubten ihn der Sprache und machten ihn gehunfähig. Trotz herkömmlicher Behandlungsmethoden in seiner Heimatstadt und in seinem Land ging es ihm zunehmend schlechter, bis er sich dazu entschloß, zu mir zu kommen. Er war unfähig, Blase und Darm zu kontrollieren. Nach seiner Ankunft brachte ich ihn zu dem Arzt, der sich um meine Seminarteilnehmer kümmert. Wie gewöhnlich war die Behandlung sehr streng: Darmspülungen, täglich viele frische Säfte, rohe Salate und rohes Gemüse sowie rohe Früchte und selbstverständlich weder Stärke noch Zucker noch Eiweißnahrung. Innerhalb von drei Monaten war er in der Lage, ziemlich zusammenhängend zu sprechen und ohne Hilfe eines Stocks umherzugehen.

Sein britischer Appetit machte jedoch seiner Frau das Leben zur Qual. Er wollte wieder Fleisch und Kartoffeln. Ich sagte ihm, wenn er eine solche Mahlzeit esse, habe er gute Aussichten, nach etwa drei Tagen den Tag zu verwünschen, an dem er geboren sei. Am folgenden Wochenende kamen einige Freunde, um ihn zu besuchen, und er bat darum, sie zu einer – wie er es nannte – »richtigen Mahlzeit« begleiten zu dürfen. »In Ordnung«, sagte ich. »Tun Sie, was Sie nicht lassen können. Es ist Ihr Körper, und wenn Sie die Folgen in Kauf nehmen wollen, verlangen Sie von niemandem Mitleid. Ich werde einfach am nächsten Mittwoch vorbeikommen und mich an Ihrem Elend und an Ihrer mangelnden Einsicht weiden.«

Sie gingen alle in ein Restaurant, das für sein gutes und reichliches Essen berühmt war, und er aß ein kleines Stück Fleisch, einige Kartoffeln, ein kleines Brot und ein kleines Stück Torte.

Ganz zufällig traf ich ihn am folgenden Montag, und er strahlte, als er mich sah. »Sehen Sie, Doktor, ich hab' Ihnen doch gesagt, es würde mir nicht schaden! Ich fühle mich prächtig.« Ich sagte: »Fein, ich freue mich, das zu hören. Ich werde Sie daran erinnern, wenn ich Sie übermorgen, am Mittwoch, sehe.«

Als ich am vereinbarten Tag in seine Wohnung kam, krümmte er sich im Bett und weinte wie ein Kind. Wir brachten ihn zum Arzt, der sich um ihn kümmerte und eine Darmspülung machte. Und fast eine Stunde lang waren das Gas, das ihm entströmte, und der Verwesungsgeruch der Schlacken, die aus seinem Darm gewaschen wurden, für seine Frau ein Anschauungsunterricht, den sie, solange sie lebt, nicht mehr vergessen dürfte.

Ich erinnerte beide daran, daß ich sie gewarnt hatte: Gerade in seinem Zustand würde es ihm nicht guttun, rückfällig zu werden, und die falsche Zusammenstellung von Nahrungsmitteln, nach denen er sich sehnte, werde genau die Wirkung haben, deren Zeugen wir jetzt seien.

Es gibt etwas, was ich nie im Leben werde verstehen können: daß ausgerechnet ein Chemiker, dessen Ausbildung ihn mit der Wirkung chemischer Verbindungen vertraut gemacht hat, täglich unverträgliche Mischungen in seinen Körper hineinstopft, wie er sie nicht einmal im Traum in seinem Labor zusammenmixen würde.

Vor einigen Jahren verkehrte ich mit einem Chemiker, der einer der genialsten Köpfe war, die mir je begegnet sind – soweit es um Laborforschung ging. Seine gründlichen Kenntnisse über Mineralien, Pflanzen und Chemie im allgemeinen waren für mich von unschätzbarem Wert. Er hatte akademische Grade der berühmtesten Universitäten dieses Landes und des Auslandes, und seine Auffassungen wurden auf dem Gebiet der experimentellen Forschung bereitwillig anerkannt. Er war etwa 45 Jahre alt, aber er sah mehr als zehn Jahre älter aus.

Während seines ganzen Lebens hatte er absolut alles gegessen, flüssig oder fest, was ihm schmeckte. Seit vielen Jahren litt er an Magen- und Herzbeschwerden, an einer Lebererkrankung und an versagenden Nieren. Er war in Bezug auf Gesundheit und Heilmethoden völlig orthodox, und ich glaube, er duldete meine Forschungen, meine Schlußfolgerungen und vielleicht sogar mich selbst nur deshalb, weil ich ihn gut bezahlte. Er klagte oft genug über seine Beschwerden, aber er weigerte sich hartnäckig zuzuhören, wenn ich bemerkte, er könne sie der Nahrung zuschreiben, die er esse, und der unzureichenden Ausscheidung von Schlacken aus seinem Organismus.

Nach dreitägiger Abwesenheit, bedingt durch seinen Zustand, bestand ich fest darauf, er solle etwas Saft trinken, seine Ernährung wenigstens für kurze Zeit ändern und eine Darmspülung machen lassen. Er sagte mir unverblümt, ich solle mich um meine eigenen Angelegenheiten kümmern, es fehle ihm nichts, was die Zeit nicht heilen könne, und sein Körper und sein Leben seien nicht meine, sondern seine Angelegenheit. Noch bevor die Woche zu Ende war, hatte er einen Anfall mit extrem starken Schmerzen. Als ich ihm sagte, es könne sich meiner Meinung nach um Krebs handeln und eine Röntgenuntersuchung würde das Ausmaß der Gefahr zeigen, willigte er schließlich ein, sich untersuchen zu lassen.

Die Skizze auf Seite 67 ist eine exakte Reproduktion der Röntgenaufnahme, die wir von seinem Darm machten, und die Umrißlinie zeigt seine Figur so genau, wie ich sie wiedergeben konnte. Die Eingeweide eines kranken Menschen!

Er bestritt alle Symptome, die ich ihm erklärte, und wies jede Schlußfolgerung zurück, die meine Erfahrung mir nahelegte. Er räumte allerdings ein, daß er seit vielen Jahren immer hungrig war, gleichgültig, wieviel er aß. Er wollte nichts tun, was ich vorschlug, und auch keine Säfte trinken. Kaum ein Jahr nach der Anfertigung der Röntgenaufnahme gesellte er sich zu der Schar von Menschen, die Opfer eines Systems sind, welches das Leben kompliziert zu machen versucht. Selbst seine Sargträger sagten: *»Ich habe ihn erst neulich gesehen, und er sah so gesund und stark aus. Jetzt ist er auf einmal tot.«*

Um meine Deutung der Röntgenaufnahme zu bestätigen, bat ich um eine Autopsie. Die tiefste Tasche des aufsteigenden Dickdarms enthielt eine Masse von Würmern. Das erklärte seinen nicht zu stillenden Hunger.

Der aufsteigende Dickdarm selbst war mit einer dicken Schicht harter fäkaler Masse überzogen – fast zweieinhalb Zentimeter dick – die Folge ungenügender Ausscheidung über vielleicht 25 oder 30 Jahre hinweg. An der Krümmung, wo der aufsteigende Ast des Dickdarms bei der Leber in den querverlaufenden Ast übergeht, befanden sich Geschwüre und starke Entzündungen, die auf Leberstörungen hindeuteten.

Etwas weiter wiesen Schleimhauteinrisse auf Beschwerden hin, wann immer Stuhlmasse an diesem speziellen Punkt vorbeiglitt. Dieser Bereich stand in Beziehung zum Herzen und zeigte deutlich, warum bei dieser Gelegenheit eine Reaktion des Herzens ausgelöst wurde.

Auf halbem Weg über dem querverlaufenden Dickdarm befindet sich der Bereich, der in Beziehung zum Magen steht. Hier war eine starke Veränderung offenkundig, und wir können verstehen, wo seine Magenbeschwerden herrührten. Geschwüre in der Mitte des absteigenden Dickdarms – dieser Bereich steht in Beziehung zu den Nieren – gaben einen Hinweis darauf, warum diese Organe versagten. Als wir jedoch die Nieren untersuchten, fanden wir viel Gewebe im Zustand fortgeschrittener Zerstörung, was auf den Genuß alkoholischer Getränke zurückzuführen war. Dies hatte ich nicht bemerkt, als er noch lebte und mit mir arbeitete.

Man stelle sich vor: Ein Mann Mitte Vierzig, in der Blüte seines Lebens, mit brilliantem Geist und der Aussicht auf eine vor ihm liegende beneidenswerte Karriere, scheidet plötzlich aus dem Leben, weil er einseitig denkt und ein Dickkopf ist! Es ist eine erbärmliche und beklagenswerte Tatsache, daß die große Mehrzahl der Menschen einfach mit den Zähnen ihr Grab schaufelt und sich in ihr Grab regelrecht hineinfrißt. Und das trotz der Überfülle von Wissen und Beweisen, die uns heute zur Verfügung stehen, so daß wir mit aufgeschlossenem Studium der einfachen Mittel und Methoden, die die Natur jedem von uns zugänglich macht, nicht nur ein vorzeitiges Ende verhindern, sondern sogar jünger werden könnten. Wenn wir diese Mittel nur in die Tat umsetzten!

Ich habe entdeckt, daß die richtige Auswahl und Kombination von Nahrungsmitteln äußerst wichtig ist, wenn wir jünger werden wollen. Ich habe einen nützlichen Leitfaden der Lebensmittelkombination erstellt, der in meinem Buch »*Täglich frische Salate erhalten Ihre Gesundheit*« abgedruckt ist. Studieren Sie und befolgen Sie ihn, wenn Sie jünger werden möchten.

Auch Sie werden Erfolg haben, wenn Sie sich der Kraft bewußt werden, die in Ihnen steckt.

Kapitel 11
Ihr Blut

Haben Sie eine Vorstellung, wieviel Blut sich in Ihrem Körper befindet? Glauben Sie, es seien viele Liter, so daß Sie es sich ohne weiteres erlauben können, Ihr Blut literweise herzugeben?

Sie irren sich gewaltig. Der menschliche Körper enthält nur etwa viereinhalb Liter Blut. Etwa vier Liter davon füllen die Blutgefäße und befinden sich in ständigem Kreislauf. Das Blut setzt sich aus mikroskopisch kleinen Blutkörperchen zusammen.

In einem durchschnittlich gesunden Menschen gibt es zwischen 24 und 25 Billionen solcher Blutkörperchen. Diese Blutkörperchen wandern so schnell durch unseren Körper, daß es Sie schwindelig machen würde, erführen Sie von ihrer Geschwindigkeit:

Alle fünfzehn bis zwanzig Sekunden (!) wandert jede (!) einzelne dieser zirkulierenden zwanzig Billionen Blutzellen durch das Herz zu den Lungen, um sich mit frischem Sauerstoff zu versorgen und gleichzeitig das Kohlensäuregas aus dem Körper an die Lungen abzugeben. Das Blutkörperchen rast zurück zum Herzen, durch den ganzen Körper bis zu den Füßen und wieder zum Herzen. Alle diese zwanzig Billionen Blutkörperchen wandern in 24 Stunden drei- bis fünftausendmal durch den ganzen Körper.

In jeder Sekunde, Tag und Nacht, wandern mehr als 200 Milliarden Blutkörperchen zu den Lungenbläschen, um den gasförmigen Abfall des Körpers in Form von Kohlendioxidmolekülen loszuwerden, im Austausch gegen reinen Sauerstoff.

Warum erzähle ich Ihnen das alles? Weil ich Ihnen klarmachen möchte, wie wichtig es ist, die maximale Leistungsfähigkeit des Blutes zu erhalten, wenn Sie jünger werden wollen. Gerade wegen der hohen Geschwindigkeit, mit der es sich bewegt, und wegen der lebenswichtigen Bedeutung seiner Tätigkeit ist es offensichtlich, daß jede Störung seiner Gesundheit und seiner Arbeit den ganzen Organismus beeinträchtigt, gedrückte Stimmung verursacht und den Angriffen von Krankheiten den Weg ebnet, bis die Klauen des Alters die Falten vorzeitiger Senilität in unsere Züge zeichnen.

Ich möchte, daß Sie während dieser ganzen Erörterung des Themas Blut die Tatsache im Auge behalten, daß die gesamte Blutmenge in Ihrem Kreislauf in weniger als sechzehn Tassen paßt. Stellen Sie sich das vor und denken Sie darüber nach. Jede Blutzelle im Körper ist ein Nahrungsträger und gleichzeitig ein Sammler von Ausscheidungsstoffen.

Jedes Blutkörperchen muß ernährt werden, um 24 Stunden am Tag mit ihrer enormen Arbeit für uns fortfahren und alle 24 Stunden drei- bis fünftausend Rundreisen machen zu können, ohne Pause, durch den ganzen Körper hindurch, von der entferntesten Verästelungen einer unserer Haarwurzeln bis zu unseren Zehenspitzen.

Ich ging diese Zahlen mit einem meiner Schüler durch, und ich fragte ihn: *»Wie würden Sie sich fühlen, wenn Ihnen täglich ein paar Mahlzeiten fehlen würden?«*

»Ich schätze, ich würde vor Hunger sterben«, antwortet er. Doch genau dieser Mann ließ seine Blutkörperchen an jedem Tag seines Lebens hungern, und er vergiftete sie, indem er seinen Organismus mit Tabakrauch verunreinigte, den er den ganzen Tag lang in seinem Büro einatmete. Er hatte niedrigen Blutdruck und Anämie, obwohl er vor wenigen Jahren als der Stärkste und Gesündeste seiner Basketballmannschaft angese-

hen wurde. Seine Mahlzeiten bestanden aus dem üblichen Restaurantessen. Er traf eine Frau, für die er sich sehr interessierte, aber sein Werben wurde nicht erwidert, bis er sie schließlich bat, ihm ehrlich zu sagen, warum sie sich weigerte, ihn öfter zu sehen. Ihre Antwort erschütterte ihn und brachte etwas Vernunft in seine Einbildung und seine Selbstgefälligkeit. Sie sagte:

»Zunächst einmal rauchst du. Sowohl der Geruch deines Atems als auch der deines Körpers stoßen mich ab. Zweitens nützt die Nahrung, die du ißt, weder deinem Körper noch deiner seelischen Verfassung. Beides weist schon allmählich Alterserscheinungen auf, was in deinem Alter unverzeihlich ist. Ich sage offen, daß ich dich sehr gerne mag, aber ich könnte mir nicht vorstellen, einen Mann zu lieben, der innerlich unsauber ist und dessen Atem in mir Brechreiz hervorrufen würde beim bloßen Gedanken, ihn küssen zu müssen. Es ist nicht nur der Rauch in deinen Lungen, den ich nicht ertragen kann, sondern auch die Nahrung, die du ißt: Das Fleisch und die Kartoffeln, die Getreideprodukte und all das Zeug machen deinen Atem unrein.«

Er bat sie, ihm dabei zu helfen, all das, was sie an ihm störte, zu ändern. Kurz gesagt, er hörte auf zu rauchen und erreichte, daß seine Firma das Rauchen in ihren Räumen verbot. Er las jedes Gesundheitsbuch, das er finden konnte, bis deren Widersprüche ihn so verwirrten, daß er einige der Autoren zu persönlichen Gesprächen aufsuchte. Im Laufe der Zeit kam er auch zu mir und fand, daß mein Programm keine Kompromisse duldete.

Er lernte, daß die Blutkörperchen nur dann bei größter Leistungsfähigkeit erhalten werden können, wenn man den Körper mit äußerster Sorgfalt und Vernunft behandelt. Nur wenn man natürliche, lebendige, lebensspendende organische Nahrung ißt und trinkt, kann man die Zellen richtig und vollständig ernähren.

Nur wenn er seinen Körper innen wie außen sauberhielt, konnte er die vollständige Entfernung von Schlacken aus seinem Körper in Gang halten. Nur durch Selbstdisziplin bei all seinen seelischen und körperlichen Aktivitäten konnte er sein Ziel erreichen: die Frau seiner Wahl gewinnen und das Wissen, wie man jünger wird.

Der Beweis, daß dieses Programm nicht nur funktioniert, sondern sehr wirksam ist, ist die Tatsache, daß seine sehr anspruchsvolle Freundin meinen Schüler zwei Jahre nach dieser Episode heiratete. Mein Hochzeitsgeschenk für sie war ein Entsafter, verbunden mit dem Wunsch, er möge ihnen beiden auch künftig die Gesundheit, das Glück und die Jugend geben, die er durch reichliche Mengen frischer roher Säfte wiedergewonnen hatte.

Die Moral aus dieser Geschichte ist, daß man die Meinungen und Gewohnheiten der Menschen außer acht lassen sollte, die sich blindlings danach richten, was gedankenlose Leute als »modern« ansehen. Es ist weitaus besser, auf einem klaren und sauberen Grundsatz zu beharren, als sich durch verderbliches Essen und Rauch vergiften zu lassen, aus Furcht vor dem, »was die Leute sagen«.

Ich selbst zögere niemals, alles zurückzuweisen, was mir angeboten wird, wenn ich weiß, daß es meinem Körper schadet. Wenn jemand, der mich auffordert, etwas zu essen, was ich nicht möchte und ablehne, sich dann beleidigt fühlt, ist er kein Freund, und ich kann gut auf ihn verzichten.

Ich bin allerdings der Meinung, daß wir in den Augen anderer Menschen, die uns wichtig sind, an Wertschätzung gewinnen, wenn wir für unsere Prinzipien einstehen. Wer solche Prinzipien verhöhnt, ist, um es höflich auszudrücken, gedankenlos. Er lebt in einer Sphäre, die zu vorzeitiger Dekadenz und Alterung führt. Was mich betrifft, so bevorzuge ich den besseren, reineren Weg, der es uns ermöglicht, jünger zu werden.

Wenn es um Grundsätze geht, dann denken Sie stets daran, daß Ihre Blutkörperchen Ihre treuen Diener sind. Wenn Sie sie mit Medikamenten, Spritzen und mit Nahrung, die sie nicht ernährt, bestrafen, und wenn Sie ihnen keine Gelegenheit geben, sich zu reinigen und rein zu bleiben, dann sind *Sie* derjenige, der leidet, und *Sie* werden um so länger brauchen, jünger zu werden – wenn es Ihnen je gelingt.

Kapitel 12
Die Lymphe

Die Lymphe ist eine flüssige Substanz. Sie besteht aus Zellen, die man als Lymphzellen kennt, aus weißen Blutkörperchen (Leukozyten) und aus Freßzellen, bekannt als Phagozyten. Jede Zelle und jedes Gewebe im Körper wird ständig in dieser Lymphflüssigkeit gebadet, mit Ausnahme der Knorpel, der Nägel und der Nagelhaut sowie der Haare. Würde man sie nebeneinander in eine gerade Reihe legen, hätten alle Lymphgefäße des Körpers eine Länge von weit über 150 000 Kilometern.

Die Darmwände sind angefüllt mit Lymphknoten, welche die Körpereingänge ständig und eifersüchtig gegen das Eindringen zerstörerischer Substanzen und Flüssigkeiten verteidigen. Weitere Millionen von ihnen befinden sich an strategisch wichtigen Stellen im Körper. Eine besonders reine Lymphe, der cerebrospinale Liquor (Gehirn- und Rückenmarksflüssigkeit; im Volksmund das »Nervenwasser«), dient dem Gehirn und dem Rückenmark als Kissen gegen die Knochenwände. Auf diese Weise schützt er diese empfindlichen Organteile.

Der Zustand dieser Lymphe ist von größter Bedeutung für das seelische und körperliche Wohlbefinden des Menschen. Sie wird je nach Bedarf von den kleinsten, mikroskopisch dünnen Kapillaren der Blutgefäße des Gehirns erneuert, ausgetauscht und absorbiert.

Diese beiden Organe, das Gehirn und das Rückenmark, sind so außergewöhnlich wichtig, daß selbst so simple Dinge wie

Aufstehen, Gehen, Laufen und im Grunde jede Bewegung völlig auf ihr ausgewogenes Zusammenwirken und ihre ungestörte Funktion angewiesen sind. Die Muskeln erhalten ihre Impulse für die Bewegungen vom Rückenmark, während ihre Koordination vom Gehirn ausgeht.

Die Lymphe ist das wichtigste Element bei der Aufrechterhaltung unseres körperlichen Gleichgewichts. Die Gehörgänge sind mit Lymphe gefüllt, und ihr Niveau ändert sich, wenn wir unseren Kopf in die eine oder andere Richtung bewegen. Diese Nieveauänderung bewirkt einen stärkeren oder schwächeren Druck auf die empfindlichen Nerven, die mit den Wänden der Lymphgefäße verbunden sind. Letztere senden als Reaktion darauf Impulse an das Gehirn und an das Rückenmark und machen es uns möglich, den Körper auszurichten und so unser körperliches Gleichgewicht aufrechtzuerhalten.

Sie können leicht verstehen, wie bedeutsam es ist, die mikroskopisch feinen Lymphgefäße und die Blutgefäße sauber und frei von Verstopfung zu halten. Nur dann kann der Körper seine Widerstandskraft, seinen Schwung und seine Jugendlichkeit bewahren. Wenn man es zuläßt, daß sich in einer dieser Kapillaren ein Gerinnsel bildet, werden sie natürlich verstopft, und ihre Funktion ist gestört.

Was kann sie verstopfen? Stärkemoleküle sind wohl die schlimmsten Übeltäter. Woher ich das weiß? Aufgrund der Tatsache, daß bei Menschen mit Beschwerden, die auf Verstopfung der Kapillaren zurückzuführen sind, diese Krankheiten nach dem Genuß roher Nahrung und großer Mengen von Säften verschwinden, sofern sie alle Stärkeprodukte vom Speiseplan streichen und ihren Organismus entgiften, also so gründlich wie möglich von allen Schlacken reinigen.

Wenn Sie die Folgen der Kapillarverstopfung nicht kennen, sollte ich vielleicht einige erwähnen: häufige Schwindelgefühle, Augenbeschwerden, Hörschwäche und Schwäche der Beine beim Gehen – um nur einige aufzuzählen.

Das Lymphsystem im Bereich des aufsteigenden Dickdarms und im Wurmfortsatz

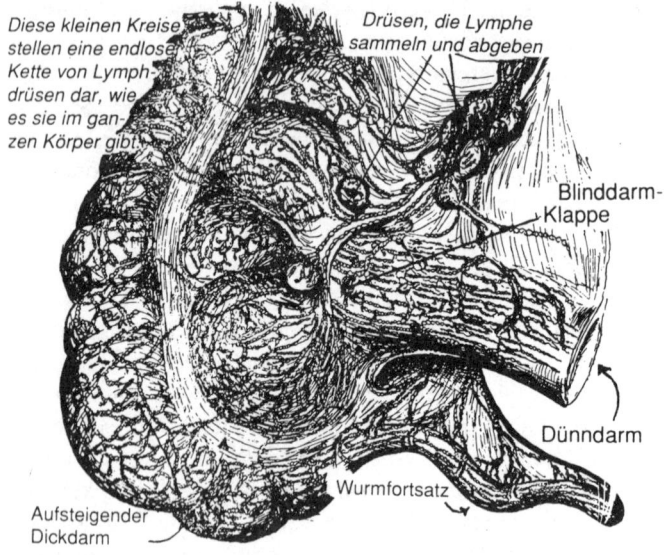

Diese kleinen Kreise stellen eine endlose Kette von Lymphdrüsen dar, wie es sie im ganzen Körper gibt!

Drüsen, die Lymphe sammeln und abgeben

Blinddarm-Klappe

Dünndarm

Wurmfortsatz

Aufsteigender Dickdarm

[Abb. 6]

Der Wurmfortsatz (Appendix) hat die Aufgabe, ein Sekret abzusondern, das den Stuhl daran hindert, stationär im Dickdarm zu bleiben. Gleichzeitig verhindert dieses Sekret die übermäßige Ausbreitung von Fäulnisbakterien. Ähnlich die Mandeln: Die von ihr ausgesandten Freßzellen (Phagozyten) und Wirkstoffe töten Krankheitserreger ab. Mandeln und Lymphsystem im Wurmfortsatzbereich sind aber darüberhinaus wichtige Bestandteile der Immunabwehr für den ganzen Körper! Es werden nur einige der Drüsen aus der Lymphknotenkette gezeigt. Die Lymphknotengruppe rechts oben und im Zentrum des Blinddarms und darüber besteht aus Drüsen, die Lymphe sammeln und abgeben. Die Lymphdrüsen des Appendix sind stärker und wichtiger als die des Blinddarms; sie haben die Aufgabe, den Körper vor vorzeitigem Verfall und Tod zu bewahren.

Verstopfung ist ein frühes Zeichen für Appendizitis (sogenannte »Blinddarmentzündung«). Lymphdrüsen durchziehen den ganzen Körper – im Innern und unter der Haut – wie feine Spitzen. Betrachten Sie all die kleinen Kreise, die Lymphdrüsen darstellen!

Ich habe oft gesehen, wie solche Krankheitszustände rasch gebessert wurden, wenn die richtigen natürlichen Maßnahmen getroffen wurden, um sie zu korrigieren. Dies ist darauf zurückzuführen, daß die Gesetze der Natur einfach sind. Reinigung, Ernährung und Selbstdisziplin sind die Schlüsselworte. Sie sind die einzigen Mittel, jünger zu werden, die wir kennen.

Wenn unser Appetit stärker ist als unser Wille zur Selbstbeherrschung, so wird dies natürlich durch einige Vorteile ausgeglichen. Wenn wir zum Beispiel viel stärkereiche Nahrung essen, werden wir schwerhörig und schließlich taub – stellen Sie sich vor, wie glücklich wir dann leben können im Bewußtsein, all dem Unsinn und Klatsch zu entgehen! Wenn diese Taubheit dazu führt, daß wir etwas wackelig auf den Beinen sind – sehen Sie sich einfach einmal unter den wackeligen alten Männern und Frauen um und schauen, wieviel Zuwendung man ihnen schenkt! Was mich und meine Freunde betrifft, so haben wir allerdings beschlossen, jünger zu werden, gleichgültig, ob uns jemand Aufmerksamkeit schenkt oder nicht.

An dieser Stelle muß ich auf die zerstörerische Wirkung gebratener und gekochter **Fette** hinweisen. Fette werden von den Lymphknoten aus dem Darm entnommen, die andererseits kein Eiweiß oder Kohlenhydrat aufnehmen, das den Darm durchläuft. Sie sammeln das Fett und wandeln es in eine äußerst feine Emulsion um.

In diesem Zustand befördern sie es durch die Lymphgefäße zum *Ductus Thoracicus* (dem größten Lymphstamm des Körpers), von wo aus es dem Blut übergegeben wird. Wenn diese Fette roh, natürlich und nicht erhitzt sind – wie in Avocados, Olivenöl, Nüssen und in fast allen Gemüsen in kleinen Mengen –, dann können die Lymphknoten sie schnell und gründlich emulgieren, so daß sie im ganzen Körper sofort als Brennstoff und Gleitmittel zur Verfügung stehen.

Wenn Fette jedoch erhitzt werden, wie in Gebratenem, Chips, Nüssen, Pfannkuchen usw., werden sie in ein anorganisches

Produkt umgewandelt, und ihre Emulgierung ist schwieriger. Dies führt dazu, daß das Fett manchmal noch Stunden nach dem Verzehr unverwertbar im Blutkreislauf verbleibt und den Körper verstopft, anstatt ihm für nützliche Zwecke zur Verfügung zu stehen.

Ist Ihnen jemals aufgefallen, wie Ihre Freunde aussehen, die gewohnheitsmäßig Gebratenes, Chips, Pfannkuchen und ähnliches essen, und daß sie viel früher Anzeichen von Alterung zeigen, als sie sollten? Wenn sie solche Nahrungsmittel essen wollen, wird es nicht viel nützen, ihnen zu sagen, wie man jünger wird. Aber das sollte Sie nicht davon abhalten, den Rat zu befolgen, den Sie ihnen sicher gerne geben würden. Jetzt, wo Sie die Wahrheit kennen, werden Sie einfach selbst jünger!

Und auch Sie werden dann Erfolg haben, wenn Sie sich nur der Kraft, die in Ihnen steckt, bewußt werden.

Kapitel 13
Gasbildung

Sind Sie jemals von Gasen belästigt worden? Die Bildung von Gas ist ein natürlicher chemischer Vorgang; dabei wird Materie von einem festen oder flüssigen Zustand in einen gasförmigen umgewandelt. Wenn wir Nahrung essen oder trinken, die falsch zusammengestellt ist, dann kann das Gas, das bei der Gärung und Fäulnis solcher Nahrung erzeugt wird, überall im Verdauungstrakt einen schlimmen Druck hervorrufen. Ich habe festgestellt, daß Kinder, die von Anfang an mit natürlicher Nahrung aufgezogen werden, wenn überhaupt, dann nur wenig Gas entwickeln.

Unter natürlicher Nahrung verstehe ich frische und rohe, nicht verarbeitete, nicht eingedoste oder gekochte Nahrung. Die Kinder, die eingedoste, pasteurisierte, gekochte und verarbeitete Nahrung bekommen, scheinen dagegen als Folge des Gases, das sich im Magen bildet, sehr oft aufstoßen zu müssen. Wenn die Menschen älter werden, neigen sie dazu, den Grund für die Beschwerden, die sie unter ähnlichen Umständen haben, zu übersehen.

Der obere Teil des Magens ist ein kuppelartiges Gebilde, das dazu bestimmt ist, das Gas zu sammeln, das sich während der natürlichen Gärung der Nahrung bilden kann. Wenn rohe Nahrung den Magen passiert, lösen die Verdauungssäfte die Fasern auf, um die Nährstoffe freizusetzen; dies bewirkt die Bildung einer sehr kleinen Menge Gas, welche die Aufnahmefähigkeit dieser »Kuppel« nicht überfordert. Wenn wir Nahrung mischen und essen, die nicht zueinander paßt – wie zum Beispiel Fleisch und Kartoffeln, Brot und Marmelade, Obst und Zucker –, entwickelt sich sehr viel Gärung, und die Bildung von Gasen ist unglaublich stark.

Wenn zur Gärung solcher Nahrung noch die Fäulnis von gekochtem Fleisch, Fisch oder Geflügel hinzukommt, nimmt nicht nur die Gasmenge zu, sondern ihr Geruch ist alles andere als ästhetisch. Das erklärt den üblen Geruch, der vom Atem nicht nur der meisten Fleischesser, sondern auch der meisten älteren Leute ausgeht. Wenn wir unsere Eßgewohnheiten ändern und hauptsächlich, wenn nicht gar ausschließlich frisches, rohes Gemüse und Früchte essen, gelingt es uns schließlich, unseren Atem ohne die Hilfe von Mundsprays und -wässern zu reinigen.

Nachdem die Nahrung den Magen und den Dünndarm passiert hat, arbeiten Bakterien am verbleibenden Rest – wenn alles natürlich abläuft. Es ist die Aufgabe der Bakterien, den Speiserest so zu zerlegen und zu neutralisieren, daß der Dickdarm – vorausgesetzt, er ist sauber und arbeitet einwandfrei – alle Nährstoffe, die in diesem Rest noch enthalten sind, aufnehmen und nützlichen Zwecken zuführen kann. Der Speiserest tritt in flüssiger Form aus dem Dünndarm in den Dickdarm.

Der aufsteigende Dickdarm verfestigt diese Flüssigkeit, zieht den größten Teil des Wassers und der Nährstoffe heraus, die darin enthalten sind, und befördert die faserigen Stoffe als »Stuhl« in den nächsten Darmabschnitt, um sie auszuscheiden.

Die toten Faserstoffe in gekochter Nahrung und im Fleisch sind nicht nützlich; sie behindern eher die Tätigkeit des gesamten Darmtrakts. Die Fasern in roher Nahrung werden, bildlich gesprochen, stark magnetisch, und bei ihrem Weg durch den Darm helfen sie diesem, seinen Teil der Arbeit zu verrichten.

Im Laufe der Zeit führt die ständige Zufuhr »toter« Nahrung, im Verbund mit unzureichender Ernährung der Nerven und Muskeln der Darmwände, zu fortschreitender Degeneration

Das Verdauungssystem

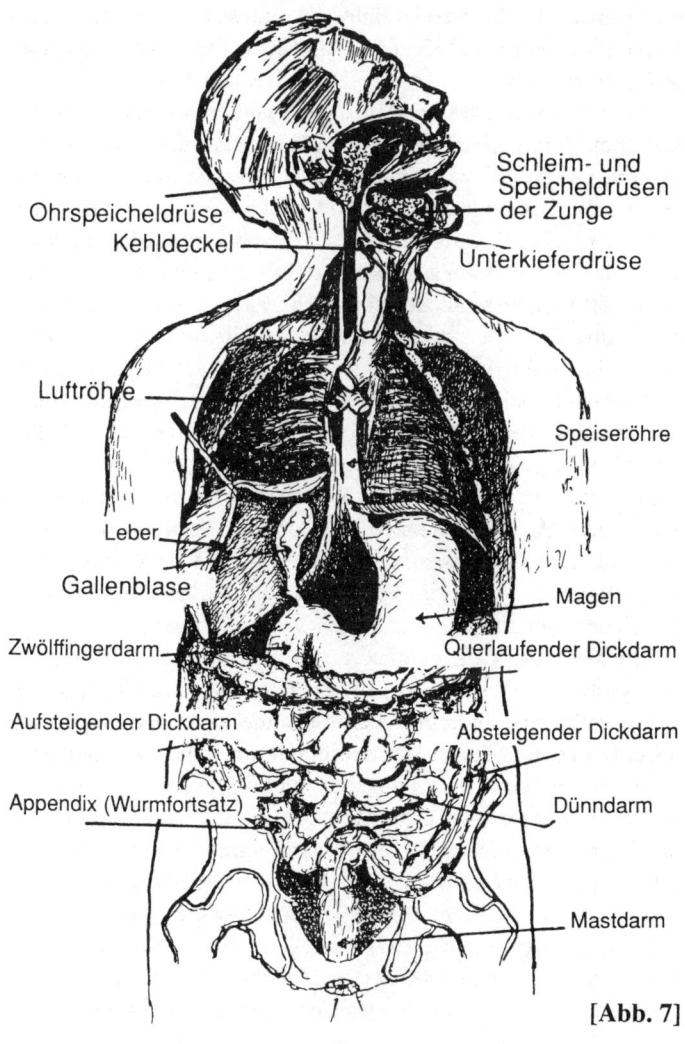

Schleim- und
Speicheldrüsen
der Zunge

Ohrspeicheldrüse
Kehldeckel
Unterkieferdrüse

Luftröhre

Speiseröhre

Leber

Gallenblase

Magen

Zwölffingerdarm

Querlaufender Dickdarm

Aufsteigender Dickdarm

Absteigender Dickdarm

Appendix (Wurmfortsatz)

Dünndarm

Mastdarm

[Abb. 7]

und zu einem Tonusverlust. Die Folge ist die unzureichende Ausscheidung fäulniserregender Schlacken, ihre Anlagerung an den Wänden und ihre Anhäufung in den Darmfalten und -taschen. Wenn dies der Fall ist, kommt es zu einem fortwährenden Kampf zwischen den freundlichen Bakterien, die versuchen, diese Abfallreste zu neutralisieren, und den Fäulnisbakterien, die in ihnen wachsen und gedeihen. Die Folge ist die Bildung einer viel größeren Gasmenge, als sie normalerweise in einem sauberen Dickdarm vorhanden ist.

Eine gewisse Menge Gas in den Därmen ist natürlich und unvermeidlich. Übermäßige Gasbildung kann jedoch einen ganzen Sack voll Krankheiten verursachen. Ich hatte beispielsweise einen Freund in New York, der seit Jahren Digitalis erhielt gegen etwas, was sein Arzt als »ernstes Herzleiden« diagnostizierte. Er hatte eine schlimme Verstopfung, wollte aber weder Klistiere noch Darmspülungen anwenden, da sein Arzt ihm gesagt hatte, dabei könne eine Gewöhnung eintreten. Ich war zufällig an einem Wochenende bei ihm zu Besuch, als er einen besonders schweren »Herzanfall« hatte. Seine Familie versuchte, seinen Arzt ausfindig zu machen, aber ohne Erfolg. Aufgrund der Notlage nahmen wir die Angelegenheit in die eigene Hand und verabreichten ihm ein Klistier.

Nachdem die ersten, steinhart anmutenden Kotmassen ausgeschieden waren, kam es zu einem Ausströmen von Gas, wie ich es in dieser Menge bei einem Menschen oder bei einem Tier noch nie gesehen habe. Aber sein »Herzanfall« hörte plötzlich auf. Während die Verwunderung meines Freundes noch auf ihrem Höhepunkt war, packte ich die Gelegenheit beim Schopf und nötigte ihn dahin, wo er, wie ich wußte, eine fachmännische Darmspülung bekommen konnte. Wir ließen außerdem eine Röntgenaufnahme seines Dickdarms machen.

Derart schlüssige Beweise vor Augen, hörte er sofort auf, sein Digitalis zu nehmen. Jedesmal, wenn er wieder eine »Herzattacke« spürte – deren Ursache, wie er jetzt wußte, der Druck der Gase gegen die Herz- und Blutgefäße war, nicht ein organischer Herzfehler – machte er, wenn möglich, eine Darmspülung; andernfalls verzog er sich ins Bad und machte selbst ein Klistier. Nach ein bis zwei Jahren verschwanden seine »Anfälle«.

In meine Praxis kamen viele Vertreter und andere Menschen, deren Atem so abstoßend war, daß ich es in zwei Meter Entfernung nicht aushielt. Man brauchte nicht zu raten, um die Ursache dieses Geruchs herauszufinden. Dunkle Ringe um die Augen, bleiche Gesichtsfarbe, eine vorstehende Taille und das Fehlen jugendlicher Spannkraft in ihrem Schritt waren für mich ausreichende Anzeichen dafür, daß degenerierte Verdauungsorgane unermüdlich daran arbeiteten, ihre Innereien für die Saat frühzeitiger Alterung vorzubereiten.

Wenn wir dem Organismus erlauben, fortschreitend und dauerhaft träge zu werden, so ist dies wie ein lauter Ruf nach dem Alter. Das Alter liebt Gasbildung, aber nur wenige Leute sind sich darüber im klaren. Da wir es wissen, tun wir alles, was in unserer Macht steht, um richtig zu essen und zu leben, damit wir jünger werden.

Alle Getränke, die Alkohol oder Zucker enthalten, sind gasbildend. Darum riecht der Atem selbst nach einem Cocktail so übel.

Wenn wir von der herkömmlichen Weise zu essen und zu leben zur korrekten, natürlichen Methode wechseln, dürfen wir nicht erwarten, daß das Gas vollständig aus unserem Körper verschwindet. Selbst wenn wir richtige Lebens- und Eßgewohnheiten angenommen haben – so, wie es von uns erwartet wird –, wird noch viel Gas vorhanden sein. Das liegt vor allem am Reinigungsprozeß, und es kann Jahre dauern, bis dieser ganz abgeschlossen ist. Aber es lohnt sich, wenn man jünger werden will.

Nervliche Anspannung ist eine weitere Ursache für Gasbildung. Diese Anspannung stört die Verdauung unserer Nahrung und erzeugt Gas. Andererseits brauchen die hungernden Organe unseres Körpers auch Jahre, um wieder ihre volle Leistungs-fähigkeit zu erlangen. Sogar während dieser Zeit des Wieder-aufbaus wird sich sehr viel Gas entwickeln. Seine Wirkung wird jedoch nicht schädlich und gewiß nicht so abstoßend sein wie bei dem Gas, das einem Körper entströmt, der mit gärenden und faulenden Schlacken überladen ist, zu denen täglich etwas hinzukommt. Nur dieses beeinträchtigt den Prozeß der Verjün-gung.

Außerdem verlangsamt unsere Lebensweise in dieser »zivili-sierten« Welt unsere Fortschritte: Es fehlt die ausreichende Be-wegung, für die der Mensch geschaffen wurde, und die Luft ist vergiftet vom Kohlenmonoxid aus Tausenden von Autos und aus den Schornsteinen der Fabriken. All diese Störfaktoren führen zu Gasbildung im Organismus; denn der Körper braucht neben der richtigen Nahrung auch saubere Luft, Sonne und Be-wegung, um jünger zu werden.

Ich werde über das Thema Gas noch mehr sagen, wenn ich Ihnen die Ursachen und die Auswirkungen der Verstopfung dar-lege. Bis dahin wollen wir alles tun, was wir können, um die Gasbildung in unserem Körper einzudämmen – indem wir rich-tig essen, entspannt leben und Karotten- und Spinatsaft trinken. Ich habe ferner festgestellt, daß Knoblauch eine Hilfe ist, vor allem wenn man ihn in einer Form zu sich nehmen kann, die vom Dickdarm vollständig aufgenommen wird.

Kapitel 14
Die Lungen

Die durchschnittliche Weintraube hat etwa 50 bis 200 oder 300 Beeren. Wenn Ihre Lungen völlig hohl wären und Sie je eine Weintraube hineinlegen würden, dann wäre dies wegen des Platzes, den sie einnehmen, ein höchst unangenehmes Gefühl. Ihre Lungen gleichen den Weintrauben, nur daß die Trauben mikroskopisch klein sind. Diese »Trauben« sind tatsächlich so klein, daß es in Ihren Lungen 400 Millionen davon gibt. Eine Traube könnte in etwa durch das Öhr einer Nadel schlüpfen.

Wenn Sie Raucher sind, haben Sie die Bedeutung Ihrer Lungen nicht begriffen. Ihre Lungen können sich jung halten, oder sie können Sie so rasch altern lassen, daß die Folgen schlimm sind. Wenn Frauen rauchen, werden sie in jedem Jahr um Jahre älter, und bald verhärten und vergröbern sich ihre Gesichtszüge. Die Tabakreklame trägt vielleicht mehr als alles andere dazu bei, daß die Menschen nicht jünger werden, vor allem jene Menschen nicht, die so naiv sind, ihr zu glauben.

Um den Wert Ihrer Lungen richtig einschätzen zu können, müssen Sie begreifen, daß wir tage- und manchmal wochenlang leben können, ohne zu essen; aber fünf oder sechs Minuten ohne Luft würden uns in eine Leiche verwandeln. Die Blutkörperchen brauchen Sauerstoff, damit sie für uns arbeiten können. Sie brauchen Sauerstoff, um die gleichmäßige Temperatur unseres Körpers aufrechtzuerhalten. Sie brauchen ihn, um die Schlacken im Organismus teilweise zu verbrennen. Sie brauchen ihn, um die Struktur der Nahrung, die wir essen, und der Flüssigkeiten, die wir trinken, auflösen zu helfen, so daß die Atome und Moleküle von den Zellen, Geweben und Drüsen des Körpers genutzt werden können.

Wir atmen zwar nur etwa einen halben Liter Luft auf einmal ein, aber pro Tag nehmen wir in unseren Körper durchschnittlich 10 000 Liter Luft auf. Jedesmal, wenn wir ausatmen, bedeutet dies, daß Millionen von Molekülen einer Spaltung unterzogen worden sind und die dabei entstehende Abfallprodukte in Form von Kohlendioxid durch dieses Ausatmen von unserem Körper ausgeschieden werden, vorausgesetzt, daß die Lungenfunktion nicht gestört ist.

Wenn wir Nahrung gegessen oder Flüssigkeiten getrunken haben, die schleimbildend sind, wie zum Beispiel Stärke, Milch usw., setzt sich ein Teil dieses Schleims, der bei der Verdauung solcher Nahrungsmittel und Getränke gebildet wird, in den Lungen fest. Ähnlich ist es, wenn wir Luft atmen, die von Tabakrauch und Alkoholdunst gesättigt ist – jene kleinen »Trauben« in unseren Lungen werden dabei derart verstopft, daß Luft und Sauerstoff nicht mehr durchkommen. Wenn heute noch so viele Menschen leben, so ist dies nur der Tatsache zu verdanken, daß die gütige Natur uns mit mehr als 400 Millionen dieser Trauben ausgestattet hat. Ich korrigiere: Wenn so viele Menschen heute noch existieren. Eine erstaunliche Anzahl derjenigen, die heute umherlaufen, starb schon im Alter von dreißig oder fünfunddreißig Jahren. Sie sind lebende Tote und warten darauf, mit Fünfzig oder Sechzig beerdigt zu werden.

Wir können nicht erwarten, jünger zu werden, wenn wir von all dem keinen Gebrauch machen, was die Natur uns gegeben hat, um aus der Luft, die wir einatmen, soviel Sauerstoff wie möglich in unseren Körper aufzunehmen. Die Verschmutzung der Bronchien ist die Ursache von Asthma, Heuschnupfen, Erkältungen, Katarrhen, Erschöpfung und vielen anderen Leiden. Diese Verschmutzung resultiert nicht nur aus falscher Nahrung, sondern auch aus den Schlacken, mit denen die Lungen angefüllt werden.

Die Atmung wird von den Nervenzentren im Stammhirn gesteuert. Leute, die rauchen, um »ihre Nerven zu beruhigen«, wissen nicht, wovon sie reden. Das Entspannungsgefühl, das durch Rauchen entsteht, ist nichts weiter als eine Illusion und Selbsttäuschung. Sie ist auf die Betäubung oder Abtötung der Nerven zurückzuführen, die uns niemals helfen wird, jünger zu werden.

Außerdem ist die Vergiftung durch Nikotin zwar schlimm genug, aber die Vergiftung des Körpers durch das Kohlenmonoxid im Zigarettenrauch ist noch schlimmer. Da der Körper Sauerstoff benötigt und die Lungen ihn nicht in ausreichender Menge liefern können, weil sie mit Rauch und anderen Schlacken verstopft sind, stiehlt er Sauerstoffatome aus dem Kohlendioxid (CO_2), um den fehlenden Sauerstoff zu kompensieren; denn das Kohlendioxid kann nicht vollständig ausgeatmet werden. Dabei bleibt Kohlenmonoxid, ein gefährliches und tödliches Gift, im Körper zurück.

Immer wenn ich einen Raum verlasse, wo die Luft schlecht war – sei es wegen der Raucher, die die Luft verpesteten, oder wegen ungenügender Entlüftung –, atme ich bewußt mehrere Male kräftig und so vollständig wie möglich aus. Täte ich das nicht und holte tief Luft, würde ich die üble Luft nur noch fester in meine Lungen pressen; wenn ich aber zunächst kräftig ausatme, haben meine Lungen die Möglichkeit, mehr reine, frische Luft aufzunehmen, ohne Störung durch die schlechte, schwere Luft, die sich unten in den Lungen angesammelt hatte.

Diese ist wirklich sehr wirksam, wenn wir uns erfrischen wollen, vor allem, wenn wir umhergehen, sei es im Zimmer bei weit offenem Fenster oder im Freien, während wir Arme und Beine rhythmisch schwingen und dabei ausatmen und einatmen. Versuchen Sie es, und lassen Sie sich davon überraschen, wie es Sie erfrischt.

Man fühlt dabei wirklich, daß es sich lohnt, alles Vernünftige zu tun, um jünger zu werden.

Auch Sie werden Erfolg haben, wenn Sie sich der Kraft bewußt werden, die in Ihnen steckt.

Kapitel 15
Das Herz in Jugend und Alter

Das Barometer verkündet den Föhn,
Wenn der Himmel noch klar ist und das Wetter schön.
Auch etwas in uns weiß immer schon mehr,
Wenn's Alter naht, als die Atmosphär'.

Der Dichter weiß aus Erfahrung, was dieses »Etwas in uns« für ihn und für jedermann bedeutet, wenn die Schlagkraft des Herzens nachzulassen beginnt.

Mit dem Herzen besitzen wir einen so wunderbaren Mechanismus, daß noch kein Erfinder je imstande war, ihn auch nur annähernd nachzubauen. Es hat etwa die Größe einer mittelgroßen, geschlossenen Männerfaust, aber es arbeitet 24 Stunden am Tag wie eine Pumpe oder eine Maschine, solange Leben im Körper ist. Dieses Pumpen ist die Ursache dafür, daß das Herz etwa 100 000 Mal am Tag schlägt und während dieser Zeit zwischen 7000 und 10 000 Liter Blut durch den Körper pumpt. Wenn Sie berücksichtigen, daß der Körper nur etwa viereinhalb Liter Blut enthält, können Sie sich vorstellen, welche Arbeit das Herz leistet, wenn es Ihr Blut nur ein Jahr lang durch Ihren Organismus zirkulieren läßt.

In einem Zeitraum von nur 50 Jahren pumpt es mehr als 170 000 000 Liter Blut. Die Frequenz des Herzschlags wird von der Kohlensäure im Blut bestimmt. Der Sauerstoff, den wir einatmen, verbindet sich im Körper mit dem Kohlenstoff, der in der Nahrung enthalten ist, die wir essen, und bildet Kohlensäure. Wie wir bereits gesehen haben, wird diese Kohlensäure als Gas von den Lungen ausgestoßen, wenn wir ausatmen. Es ist ein schweres Gas und so giftig, daß wir sterben müßten, wenn die Luft, die wir atmen, zufällig etwa 14 Prozent davon enthielte. Im Organismus ist dieses Gas ein Abfallprodukt und nur dann nützlich, wenn es im richtigen Verhältnis zu den Bedürfnissen des Körpers steht. Wie wir gesehen haben, entsteht es durch die Verbindung von Sauerstoff und Kohlenstoffatomen.

Behalten Sie dies im Auge, wenn Sie daran denken, konzentrierte Kohlenhydratnahrung zu essen, beispielsweise Brot, Getreide und alle anderen Stärke- und Mehlprodukte. Deren Kohlenstoffanteil ist zu hoch.

Wie wir gesehen haben, wird der Herzschlag vom Kohlensäuregehalt des Blutes reguliert. Je mehr stärkereiche Nahrung wir essen, desto mehr Kohlenstoffatome zwingen wir ins Blut, und desto größer ist sein Kohlensäuregehalt. Sobald wir irgendeine Bewegung machen, erzeugen die daran beteiligten Muskeln Kohlensäure. Innerhalb von zehn Sekunden bringen die Kohlensäuremoleküle das Herz dazu, schneller zu schlagen. Je größer die Kohlenstoffmenge ist, die wir zusätzlich aufnehmen, desto größer ist die Erzeugung von Kohlensäure, und desto größer ist folglich die Gefahr, die Herztätigkeit anzukurbeln.

Wenn Sie diese wenigen Absätze sorgfältig lesen, werden Sie leicht verstehen können, warum bei Leuten, die gerne stärkereiche Nahrung – Getreide und ähnliches – essen, all die Herzbeschwerden auftauchen. Das pummelige Kind, auf das Ihr Nachbar stolz ist, ist nur voll von Kohlensäure, die früher oder später, wenn die Ernährung nicht umgestellt wird, eine ganze Serie von Herzbeschwerden hervorrufen wird. Hoher Blutdruck ist genau wie niedriger Blutdruck nichts anderes als die Folge des Verzehrs zu vieler Kohlenhydrate. Diese erzeugen Kohlensäure, welche die ruhige und rhythmische Funktion des Herzens stört. Jede Art von Fabrikzucker hat die gleiche Wirkung.

Mit diesen Tatsachen vor Augen, Tatsachen, denen niemand widersprechen kann, ist es einfach zu verstehen, warum es so notwendig ist, ständig auf die Ernährung zu achten, und warum die gründliche Ausscheidung von Schlacken aus dem Körper ebenso notwendig ist, um jünger zu werden. Es ist wirklich schwer zu wissen, wohin man sich wenden soll, wenn man sich in einem eingefahrenen Gleis bewegt. Aber der wunderbare Vater, der uns geschaffen hat, hat es nie versäumt, denen den Weg zur Erleuchtung zu öffnen, die bereit sind, Bilanz zu ziehen. Wenn wir jünger werden wollen, brauchen wir einen entschiedenen Wunsch und Anreiz dafür, gleichgültig, wieviele Sommer und Winter wir haben verstreichen sehen.

Ich glaube, Sie werden sich für einen Brief interessieren, der vor mir liegt. Er ist von einem Mann und seiner Ehefrau geschrieben, die sich beide ihrem achtzigsten Geburtstag nähern:

Lieber Dr. Walker!
Vor fünfzehn Jahren mußte ich aufhören zu arbeiten, krank im Körper und schwach im Herzen. Meine Frau konnte nicht viel mehr tun, als sich auf recht mühsame Weise um unseren Haushalt zu kümmern. Schlaflose Nächte, furchtsame Stunden der Dunkelheit, die sich um Senilität und die Angst vor dem Altersheim drehten, schmerzhafte Tage des Sich-Herumschlagens mit Gelenk- und Muskelschmerzen, dem Stachel der Arthritis und des Rheumas – das Leben war zum Alptraum geworden, ohne Licht oder Hoffnung für den Rest unserer Tage. Es war schlimm. Medikamente, Pillen und Beruhigungsmittel brachten schon lange nichts mehr als flüchtige Erleichterung, bestenfalls vorübergehend, aber die Rechnungen für medizinische Behandlungen, die sie begleiteten, nahmen immer mehr zu.
Eines Sonntags, auf unserem Weg zur Kirche, kamen wir an einem Reformhaus vorbei, wo das folgende Schild im Schaufenster stand, das unsere Blicke auf sich zog. Da stand:

»Werden Sie nicht alt – tun Sie etwas dagegen. Trinken Sie frische Gemüsesäfte. Spülen Sie die Schlacken aus Ihrem Körper, der Sie alt macht. Danken Sie Gott, daß Sie sich heute entschlossen haben, jünger zu werden!« Wir lasen es immer wieder, dann gingen wir still in die Kirche. Wir fragten uns beide, ob diese Botschaft wohl für uns gemeint sein könnte. Am nächsten Morgen gingen wir schüchtern in dieses Geschäft, und der mitfühlende Besitzer hörte sich unsere Probleme an. Er sagte uns, Gebrechlichkeit und Krankheit seien in jedem Alter die direkte Konsequenz, wenn man den Körper mit Nahrung füllt, die kein Leben enthält, und wenn man gleichzeitig zuläßt, daß die Därme ständig mit Schlacken beladen werden. Wir waren überrascht und erschrocken zugleich, als wir erfuhren, daß unsere Nahrung, die nach anerkannten Richtlinien Zeit unseres Lebens nur die beste gewesen war, für den größten Teil unserer Leiden und Beschwerden verantwortlich sein sollte. Brot und Getreide, die in der Zeitungs-, Zeitschriften und Radio- und Fernsehwerbung als nahrhaft und gut angepriesen wurden – finanziert durch Leute, die wir für seriös gehalten hatten –, diese Nahrungsmittel, die für jedermann selbstverständlich sind, waren das, wovon wir gelebt hatten. Nun wollte man uns glauben machen, diese Darstellungen seien völlig falsch und irreführend.

Der Geschäftsinhaber war über siebzig Jahre alt, kräftig, gesund und energisch, und angesichts solcher Beweise spürten wir, daß es keinen Zweifel und keine Diskussion geben konnte. Er hatte seine Ernährung vor fünfzehn oder zwanzig Jahren umgestellt und aß jetzt nur noch rohe Nahrung und trank Gemüse- und Fruchtsäfte, die in seinem Geschäft jeden Tag frisch zubereitet wurden. Er sieht heute nicht älter als Fünfzig oder Fünfundfünfzig aus.

Wir fühlten uns ganz selig, als wir sein Geschäft mit einer Anzahl Gesundheitsbücher verließen – und mit seiner Er-

mahnung, uns von den widersprüchlichen Auffassungen der verschiedenen Autoren nicht verwirren zu lassen. Wir sollten einfach das Buch benutzen, das der Natur am nächsten war, wenn es um Ernährung ging. Ich möchte nicht so viel von Ihrer kostbaren Zeit beanspruchen, aber ich weiß, es wird Sie interessieren, daß wir dem Programm, das er uns beschrieb, seit einem Jahr folgen, und meine Frau und ich glauben beide, daß es nicht mehr sehr lange dauern wird, bis wir soweit hergestellt sind, daß wir wieder die Arbeit aufnehmen können. Es scheint mir unglaublich, daß diese Säfte, die Sie in Ihrem Buch empfehlen, nicht ebenso frei erhältlich sind wie zum Beispiel Milch. Wenn man die Leute nur dazu bringen könnte, sie zu versuchen, so wie wir es getan haben, dann würden sie die neue Welt erkennen, die vor ihnen liegt. Wir fühlen uns bereits zehn Jahre jünger.

Jedes Mal, wenn mich wieder jemand fragt: *»Wie lange muß ich mich an eine solche Kost halten? Wie lange muß ich diese Säfte trinken?«*, dann habe ich das Gefühl, daß meine Bemühungen, die Menschen umzuerziehen, vergeblich sind. Wenn ich jedoch einen solchen Brief bekomme, öffnet sich weit vor mir ein neuer Horizont, und ich denke an das Wort des Herrn: *»Was ihr getan habt einem unter diesen meinen geringsten Brüdern, das habt ihr mir getan.«*

Auch Sie werden Erfolg haben, wenn Sie sich der Kraft bewußt werden, die in Ihnen steckt.

Kapitel 16
Die Nerven

Unser Nervensystem ist eines unserer wertvollsten Besitztümer. Sobald wir in unserer Selbstdisziplin nachlassen, zahlen unsere Nerven mit gleicher Münze zurück. Sie spielen verrückt. Ein junger Körper ist so lange jung, vital, energisch und gesund, wie das Nervensystem mit den Funktionen des übrigen Körpers harmoniert.

Sobald diese Harmonie nachläßt, sehen wir das Alter um die Ecke gucken. Wie oft haben Sie gehört, jemand sei ein »Nervenbündel«? Sein Zustand kann seelische oder körperliche Ursachen haben. Mangelnde nervliche Harmonie als Folge von Aufregung ist eine der seelischen Ursachen. Unterernährung des Nervensystems oder Störungen durch Abfallprodukte wären körperliche Ursachen. Ungenügende Ruhe, unzureichender Schlaf, unreine Luft, Aufputschmittel – das sind alles Fäden, die das »Nervenbündel« so verknoten, daß es sich selbst weniger nutzt als irgendjemandem sonst.

Während des Schlafs lädt sich das Nervensystem auf wie eine Batterie; es erneuert die Lebenskräfte und baut Energievorräte auf – daher das Bedürfnis nach Ruhe. Die Gesundheit unseres Nervensystems hängt davon ab, was wir essen und trinken. Wir können es uns nicht erlauben, einen einzigen Nerv in unserem Körper in irgendeiner Weise »aufzuputschen«; denn das gesamte Nervensystem ist abhängig von der Vitalität jedes einzelnen Nervs, gleichgültig, wie unbedeutend er erscheinen mag.

Eine bildhafte Darstellung der Bedeutung des Nervensystems wird Ihnen helfen, besser zu verstehen, was die Nerven uns sagen und was sie tun. Jedes Organ, jedes Glied und jeder Teil unseres Körpers hat drei wichtige Nervenenden. Eines befindet sich in der Iris der Augen, eines in den Wänden des Dickdarms und eines in den Fußsohlen.

Wenn wir beispielsweise Medikamente oder Natriumbikarbonat nehmen, also anorganische Substanzen, und wenn diese nicht mehr oder weniger unverzüglich aus dem Körper entfernt werden, lagern sie sich irgendwo im Organismus an. Zufällig sucht Natriumbikarbonat sich dafür den oberen Teil des Kopfes aus, die Gehirnregion. Wenn man es gebraucht, zeigt sich früher oder später ein silbriger Halbmond in der oberen Iris. Das bedeutet, daß der Körper es nicht ausgeschieden hat und es sich in der Gehirnregion anreichert. Die Nerven in dieser Region registrieren das natürlich.

Dies ist nur ein Beispiel. Um das Thema eingehender zu behandeln, würde man ein oder zwei Bücher benötigen. Wenn in einem bestimmten Teil des Dickdarms eine Störung vorliegt, können wir sagen, in welchem Teil des Körpers sich ein entsprechendes Symptom zeigt oder wahrscheinlich zeigen wird. So entspricht etwa der Nerv an der untersten Tasche des aufsteigenden Dickdarms der Hirnanhangdrüse, der Drüse der seelischen und körperlichen Harmonie. In dieser Tasche finden wir oft ein Wurmnest, das eine Dickdarmsenkung oder eine Entzündung dieser Tasche verursacht, was man auf einer Röntgenaufnahme gut sehen kann. Es wurde wiederholt nachgewiesen, daß dieser Zustand auch auf seelische Störungen und häufig auf körperliche Unausgewogenheit schließen läßt. Letztere kann epileptische Anfälle auslösen. Diese Aspekte werden im Kapitel über Verstopfung eingehender besprochen und illustriert.

Andere Nerven enden in den Fußsohlen. Ich habe ein Schaubild der Fußsohlen angefertigt – das »Schaubild der Fußreflexzonentherapie« –, in das ich die verschiedenen Körperteile eingezeichnet habe, denen man Hilfe und Entspannung verschaffen kann, indem man auf die angegebenen Punkte drückt.

Eine meiner Schülerinnen nutzte dieses Schaubild mit ausgezeichnetem Erfolg, als ihr Vater, wie sie glaubte, einen Herzanfall hatte. Sie drückte auf den Punkt seiner Fußsohle, der nach dem Schaubild mit dem Herzen in Beziehung steht, aber es zeigte sich praktisch keine Wirkung. Dann drückte sie auf die angegebenen Stellen, die mit dem Dickdarm unter dem Herzen in Beziehung stehen, und Gas strömte aus seinem Rachen und aus seinem Darm, worauf der »Herzanfall« verschwand. Angespannte Nerven hatten die Verengung einer Darmtasche bewirkt, so daß sich Gas ansammeln konnte, bis die Aufblähung der Darmtasche enormen Druck auf Nerven und Muskeln ausübte, was zu gesteigerter Herztätigkeit führte. Als die Nerven entspannt waren, konnte das Gas abgehen und das Herz wieder normal schlagen.

Das Hauptnervenzentrum des Körpers liegt an der Gehirnbasis in einem Gewebe genau über dem Nacken, das man *Medulla oblongata* (verlängertes Mark) nennt. Von hier breitet es sich im ganzen Körper aus. Es besteht aus zwei Hauptteilen. Einer davon ist das vegetative Nervensystem. Der andere ist das Zentralnervensystem, das aus dem Gehirn und dem Rückenmark mit seinen vielen Ästen besteht. Das vegetative Nervensystem führt hauptsächlich Anweisungen der Gehirnzentren aus. Es beeinflußt unsere Atmung, die Temperaturregelung des Körpers, den Wassergehalt unseres Organismus, unsere Verdauungsorgane, die Blutverteilung, die Spannung der Blut- und Lymphgefäße und viele andere Funktionen und Tätigkeiten.

Das Zentralnervensystem ist das Nervengeflecht, welches das Gehirn und das Rückenmark bildet. Von dort breitet es sich durch den Körper bis zur Haut aus. Wenn Sie einen Stich im Finger spüren, gibt ein Nerv ein Signal an einen anderen Nerv im Rückenmark. Dieser übermittelt die Empfindung wiederum an einen anderen Nerv im Rückenmark, einen »motorischen«

Nerv. Dieser Nerv stimuliert Muskeln, die Sie veranlassen, Ihren Finger rasch vom Ursprung des Stiches zurückzuziehen. Ein anderer Nerv bewegt Ihre Augen, damit Sie sehen können, was los ist, während ein weiterer Nerv erregt wird und Ihr Gehirn kitzelt, damit Sie sich fragen, was als nächstes zu tun sei. Machen Sie diesen Versuch: Schlucken Sie und achten Sie darauf, wie das Zäpfchen sich hebt und die Luftröhre verschließt, während der Kehldeckel sich öffnet (siehe Abb. 3–5, S. 60)!

Die Nerven sind an jeder körperlichen Bewegung und Tätigkeit beteiligt. Außerdem schlagen sie als erste Alarm, wenn etwas im Organismus nicht in Ordnung ist, gleichgültig, ob es scheinbar unwichtig ist. Wenn wir uns beispielsweise überarbeitet haben, kommen wir gereizt nach Hause. (Damit meine ich, nebenbei gesagt, nicht Sie und mich, da wir beide nie gereizt sind. Wenn ich »wir« sage, meine ich andere Leute.) Diese Gereiztheit schnürt uns innerlich wie einen Knoten zu, gewöhnlich in der Gegend des Solarplexus oder Sonnengeflechts, ein Nervengeflecht. Er reagiert als einer der ersten Körperteile auf äußere Bedingungen, von denen wir uns beeinflussen lassen. Wenn wir lernen, die völlige Kontrolle über unser Sonnengeflecht auszuüben, sind wir auf dem Weg zur Verjüngung weit, weit fortgeschritten.

Ich möchte Ihnen eine gute Übung vorstellen, mit der Sie lernen können, die Spannung des Sonnengeflechts zu »spüren«:

Bewegen Sie den Bauch mehrmals vor und zurück. Leeren Sie die Lungen, indem Sie mit zusammengebissenen Zähnen kräftig ausatmen, während Sie gleichzeitig den Bauch (oder das Zwerchfell) einziehen. Entspannen Sie sich ein paar Sekunden lang, dann wiederholen Sie die Übung, nachdem Sie tief und lange eingeatmet haben. Wiederholen Sie dies mehrmals, und zwar auch dann, wenn Sie das Gefühl haben, daß Ihre Nerven Ihnen zu schaffen machen.

Wenn wir von *Kopfschmerzen* geplagt werden, sind es die Nerven, die Alarm schlagen: damit etwas Sinnvolles geschieht, damit geheilt wird, was in unserem Organismus nicht in Ordnung ist.

Wenn wir beispielsweise Aspirin nehmen, betäuben wir lediglich die Nerven, und der Alarm verstummt. Das ist genauso, als ob Sie die Leitungen zu Ihrer Türglocke durchschneiden, weil ein Nachbar gekommen ist, um Ihnen zu sagen, daß Ihr Haus brennt.

Alles, was wir einnehmen, um Schmerzen zu betäuben, betäubt auch die Nerven. Das mag vertretbar sein, um sich vorübergehend Erleichterung zu verschaffen, vorausgesetzt, wir tun etwas, um die Ursache zu beseitigen, und sorgen anschließend sofort dafür, daß das Schmerzmittel aus dem Körper befördert wird. Kopfschmerzen sind gewöhnlich ein Anzeichen dafür, daß Abfallprodukte im Dickdarm entweder dieses Organ übermäßig verstopfen oder daß es ihnen gelungen ist, seine Gastfreundschaft zu mißbrauchen, und daß infolgedessen Gifte vom Darm absorbiert werden und in den Kreislauf gelangen.

Bei meinen Untersuchungen von Tausenden von Kopfschmerzfällen bereitete der Dickdarm deshalb die größten Kopfschmerzen, weil die Menschen den Zusammenhang zwischen dem Darm und den Schmerzen nicht wahrhaben wollen.

Zahnschmerzen sind ein anderes Warnsignal der Nerven, daß der Körper eine gründliche Reinigung braucht – nicht eine Entfernung der Zähne aus dem Mund, denn wir brauchen sie, solange wir leben, sondern die Entfernung des Abfalls, der den Körper vergiftet. Aufgrund langer Erfahrung bin ich fest davon überzeugt, daß jeder, der dem Rat folgt, sich die Zähne wegen Arthritis, Rheuma oder einem anderen Leiden ziehen zu lassen – Abszesse eingeschlossen –, das bekommt, was er verdient, weil er das Gehirn nicht gebraucht, das sein Schöpfer in seinen Schädel gesetzt hat. Ich muß denjenigen erst noch finden, der mit falschen Zähnen wirklich glücklich ist.

Eines der erbärmlichsten menschlichen Wracks, das ich je gesehen habe, nahm an einem meiner Seminare in San Francisco teil. Als er zur Marine eingezogen wurde, war er ein robuster, starker und gesunder junger Mann. Entsprechend den Regeln der medizinischen Abteilung der Marine erhielt er all die üblichen Spritzen und Impfungen. Wie Hunderte, wenn nicht Tausende dieser unglücklichen Opfer ruinierten diese Injektionen seine Gesundheit völlig, und er wurde in eine Klinik nach der anderen verfrachtet, bis er schließlich in San Francisco landete.

Dort befand man, nichts mehr für ihn tun zu können, als bisher getan worden war, und alles, was man getan hatte, verschlimmerte seinen Zustand ständig. Daher sagten die »Autoritäten«, die ihn sehr gründlich untersuchten, schließlich: *»Nun ja, versuchen wir mal, ihm die Zähne zu ziehen, vielleicht hilft das.«* Bis dahin waren die Zähne fast der einzige Teil seines Körpers, der noch nicht begonnen hatte, sich aufzulösen. Kurz nachdem seine Zähne gezogen worden waren, verlor er beinahe die Sprechfähigkeit und war kaum noch imstande zu gehen. Die Muskelkoordination funktionierte nur noch halb, was ihn erschöpfte und hilflos machte.

Ich bin sicher, Sie kennen auch Fälle wie diesen, denn die Armee- und Marinekrankenhäuser haben so viele davon, daß sie nicht wissen wohin mit ihnen. Es mag seltsam erscheinen, daß einer von ihnen mich vor etwa zehn Jahren aufsuchte, von der Veteranenklinik geschickt. Er war so nervös und erschöpft, als er in meine Praxis kam, daß er kaum den Raum durchqueren konnte, um sich zu setzen. Nach dem Krankenbericht litt er an Krebs, und aus unseren Untersuchungen schloß ich, daß der Krebs von den Impfungen bei der Armee herrühren könnte. Sein Fall war so ernst, daß sie ihn zwar zu mir schickten, dennoch aber seine Familie benachrichtigten, damit diese bald jemanden schicke, um seine Leiche abzuholen.

Er war erst etwa 28 Jahre alt, viel zu jung, um zu sterben, und er wollte leben. Er begann sofort damit, seine Kost aus weichgekochter Nahrung aufzugeben, die man ihm in der Klinik verordnet hatte. Er fing an, die »verbotenen« rohen Früchte, Salat und Gemüse zu essen, Lebensmittel, vor denen er gewarnt worden war. Er trank jeden Tag zwei bis drei Liter frische, rohe Säfte, ein bis zwei Liter davon waren Karottensaft.

Während der ersten drei oder vier Wochen erhielt er täglich Darmspülungen, dann ging er allmählich auf etwa drei, dann auf zwei pro Woche zurück. Er nahm täglich Sonnenbäder, wobei er ab April auf grünem Gras lag. Da ich nicht praktiziere, ließ ich mich von dem Arzt, der sich in meinem Auftrag um ihn kümmerte, täglich über seine Fortschritte auf dem Laufenden halten, und im Herbst war er in der Lage, seinen Geschäften nachzugehen.

Das war vor fast zehn Jahren. Neulich, erst vor ein paar Wochen, betrat er meine Praxis so gesund und munter, wie man es sich nur denken kann, und er sah keinen Tag älter aus, als er ein Jahr nach unserem ersten Zusammentreffen ausgesehen hatte. Das war ein junger Mann, der leben und jünger werden wollte. Er stellte seine Ernährungs- und Lebensgewohnheiten mit der unerschütterlichen Entschlossenheit, gesund zu werden, um und baute sein Nervensystem auf höchst zufriedenstellende Weise wieder auf.

Ich habe festgestellt, daß Impfungen jeder Art für das Nervensystem schädlich sind. Es ist keine Frage, daß sie »angebracht« sind, wenn man schnell einen Zustand der Degeneration und vorzeitigen Senilität erreichen will.

Ich benutze den gesunden Menschenverstand, den Gott mir zur Verfügung gestellt hat, und ich ziehe wenigstens neunzig Prozent von allem ab, was ich als »ärztlich empfohlen« angeboten bekomme, vor allem dann, wenn es kostenlos angeboten wird. Wenn wir nicht selbst dafür zahlen, dann zahlt die Krankenversicherung oder die Stadt, das Land oder die Regierung von den Steuern, die wir gemeinsam aufbringen. Die Hersteller der Arzneimittel bekommen ihr Geld immer. Langfristig gesehen zahlen wir immer selbst die Zeche. Nehmen Sie daher nichts als selbstverständlich hin, auch das nicht, was ich sage, bevor Sie untersucht und erprobt haben, was die Natur für Sie tut. Dann kennen Sie die Wahrheit aus Erfahrung. Lernen wir, unsere Nerven jederzeit völlig in unsere Gewalt zu bekommen. Dadurch können wir das Wissen und die Selbstsicherheit entwickeln, die notwendig sind, um jünger zu werden.

Auch Sie werden Erfolg haben, wenn Sie sich der Kraft bewußt werden, die in Ihnen steckt.

Kapitel 17
Die Muskeln

Muskeln und Nerven arbeiten geordnet und harmonisch zusammen, wenn der Körper gesund und fit ist. Die Nerven liefern die Impulse und das auslösende Signal, und die Muskeln führen die Arbeit aus. Beide sind so eng miteinander verbunden, daß eine Funktionsstörung der einen auch die anderen lahmlegt. Es gibt viele Krankheiten, deren Ursache im Mißbrauch der Muskeln, Nerven und Knochen des Körpers liegt.

Am schlimmsten ist der Mißbrauch, der auf die Opfer der Mode zurückzuführen ist. Ich meine das Tragen hoher Schuhabsätze. Der Schaden, der dadurch entsteht, ist so verheerend, daß sich jedesmal, wenn die Mode höhere Absätze diktiert, Zerrungen, Organsenkungen und Frauenbeschwerden häufen und ausgeprägter werden. Dieser Schaden wird selten sofort erkannt. Wenn man anfängt, Beschwerden zu haben, wird ihre Ursache selten auf die Füße zurückgeführt, aber eben von dort gehen sie gewöhnlich aus. Hohe Absätze bringen nach und nach jeden Knochen, von den Füßen über die Hüfte und die Rückenwirbel bis zur Gehirnregion, aus seiner natürlichen Lage. Das bedeutet enormen Druck auf Nerven, Muskeln und Organe im gesamten Körper.

Ich habe festgestellt, daß der Fuß sich in seiner natürlichen Lage befindet, wenn er sich so nahe wie möglich am Boden befindet, wie beim Barfußgehen. Der Absatz eines Schuhs sollte nicht dicker als 12 Millimeter sein. Nach meiner Erfahrung und

Tausender anderer sind Sandalen das gesündeste und praktischste Schuhwerk. Füße atmen, sie brauchen soviel freien und ungehinderten Zugang zur Luft wie möglich, sonst werden Gifte, die die Schwerkraft in die unteren Extremitäten bewegt, in den Füßen zurückgehalten und gelangen wieder ins Blut. Das kann zu Plattfüßen, Fußpilz und starkem Fußschweiß führen.

Früher plagten mich alle drei dieser unangenehmen Beschwerden, aber seitdem ich Sandalen trage, habe ich keinerlei Fußprobleme mehr, nicht einmal mehr kalte Füße. Viele Nerven- und Muskelbeschwerden, die durch falsche Ernährung verursacht werden, können den Menschen ein Leben lang zum Krüppel machen, wenn sie nicht beseitigt werden.

Ich habe zum Beispiel festgestellt, daß *Kinderlähmung* durch falsche Ernährung der Mutter wie auch des Opfers hervorgerufen werden kann. Die Tatsache, daß der Rest der Welt für diese Art Wissenschaft noch nicht bereit zu sein scheint, entmutigt mich nicht im geringsten. Ich habe zu meiner eigenen Zufriedenheit die Wahrheit darüber herausgefunden, wie man Erfolg hat und wie man scheitert. Weder ich noch meine Familie gehen irgendwelche Kompromisse in unserer Lebensweise ein, und ich setze meine Forschungen Tag für Tag fort, um zu entdecken, was ich entdecken kann und was uns hilft, jünger zu werden.

Schon frühzeitig habe ich gelernt, daß nicht alle Menschen für eine natürliche Ernährungs- und Lebensweise reif sind. Die Menschen wählen ihre Nahrung, ihre Vergnügen und ihren Zeitvertreib entsprechend ihrem Bewußtseinsstand. Menschen, deren Bewußtsein sehr körperlich und materiell ausgerichtet ist, folgen dem Massen- oder Herdentrieb. Alles, was ungewohnt ist und was jenseits ihres Verständnisses und ihres Begriffsvermögens liegt, ist ihnen ein Greuel, erscheint ihnen idiotisch oder verrückt – ungeachtet aller gegenteiligen Beweise.

Wenn ein Mensch ein höheres Bewußtseinsniveau erreicht hat, sei es durch Zufall oder durch Planung, benötigt er Nahrung mit einer höheren Schwingung, als sie totgekochte und verarbeitete Nahrung anzubieten hat, die konzentrierte Stärke und Eiweiß enthält.

Ich freue mich sehr über die Begeisterung und Wertschätzung all der Menschen, die sich bei mir melden, um mich wissen zu lassen, welchen Nutzen sie aus der Anwendung meiner Lehren gezogen haben. Ein Brief von einer Mutter, den ich am meisten schätze, möchte ich hier veröffentlichen. Er lautet wie folgt:

Derek erkrankte im Januar letzten Jahres im Alter von zwei Jahren, er war gelähmt, und er erblindete ... Die Ärzte gaben ihn auf und sagten, sie könnten nichts mehr für ihn tun ... die Gewebe seiner Augen seien zerstört ... Sie sagten, sie seien wie leere Muscheln, und es gebe keine Hoffnung für ihn, je wieder sehen zu können. Ich hörte, Karottensaft sei gut für die Augen ... Gott sei Dank konnte Derek gegen Weihnachten wieder sehen, alle wunderten sich darüber, und jetzt empfehle ich jedem Karottensaft, von dem ich gehört habe, daß er krank ist ... Außerdem möchte ich sagen, daß Derek wieder umherläuft und fast geheilt ist.

Einen anderen Brief erhielt ich von einem Arzt in Kalifornien, und ich zitiere auch aus ihm:

Wegen der Säfte nehme ich jetzt Fälle an, die ich ohne die Hilfe durch die Säfte nicht annehmen würde. Lähmungsfälle der schlimmsten Art sprechen überraschend gut an ...

Wenn Sie mich wieder fragen, »Warum weiß das nicht jeder?«, wiederhole ich, daß Menschen auf niedrigen Bewußtseinsstufen es anscheinend vorziehen, etwas einzunehmen, was ihnen sofortige Erleichterung bringt, und alles andere der Zukunft überlassen. Sie haben nicht genug Weitblick, um nach der Ursache zu suchen und sie durch eine Umstellung ihrer Lebensweise zu beseitigen.

Muskeln nehmen besonders viel *Harnsäure* auf. Harnsäure ist das Neben- oder Endprodukt der Verdauung und Spaltung von Eiweißmolekülen. Wenn man Fleisch ißt, wird es im Verdauungsprozeß in Fett- und Aminosäuremoleküle zerlegt, aus denen es sich zusammensetzt. Dieser Vorgang führt zur Bildung großer Mengen Harnsäure.

Natürlicherweise sollte diese Säure von den Nieren ausgeschieden werden. Die Muskeln nehmen sie jedoch auf, bevor sie ausgeschieden werden kann. Sie nehmen immer mehr davon auf, bis der Sättigungspunkt erreicht ist und sie bei normalem Ablauf der Dinge zu kristallisieren beginnt.

In diesem Moment bildet sie mikroskopisch kleine, scharfe Kristalle, die im Innern der Muskeln verbleiben. Wenn diese Muskeln dann bewegt werden, dringen die scharfen Teilchen in die Hülle der nächstgelegenen Nerven ein – eine Warnung vor kommenden Problemen. Wenn dies geschieht, zeigen sich die ersten Beschwerden unter verschiedenen Namen. Eine davon ist das Rheuma, eine andere die Neuritis und eine weitere Ischias. Daran ist überhaupt nichts Mysteriöses. Es ist nur das Gesetz von Ursache und Wirkung, das hier zur Geltung kommt.

Im Laufe der Jahre habe ich Tausende von Urinanalysen gemacht, bei Männern, Frauen und Kindern. Ich stellte fest, daß bei fleischessenden Menschen normalerweise rund fünfunddreißig Gramm Harnsäure in etwa einem Liter Urin ausgeschieden werden sollten. Der durchschnittliche Harnsäuregehalt in diesen Analysen lag zwischen drei und fünf Gramm. Das bedeutet, daß diese Menschen sieben bis zwölfmal so viel Harnsäure in ihrem Körper zurückbehielten, als sie hätten ausscheiden sollen. Die meisten von ihnen litten bereits unter starken Schmerzen, die durch kleine Harnsäurekristalle hervorgerufen wurden, wenn sie in die Nervenhüllen eindrangen. Bei manchen begannen die Beschwerden gerade erst.

Es war keine Überraschung, viel zu viele Anzeichen im Urin und im Stuhl dieser Männer, Frauen und Kinder zu finden, die auf eine vorzeitige Alterung hindeuteten. Die ständigen dumpfen Muskelschmerzen tragen viel dazu bei, kleine Falten in die glatte Haut zu zeichnen, die sich bald zu Alterslinien entwickeln.

Der interessanteste Teil dieser Studien und Forschungen war die Beobachtung, daß die Harnsäurewerte in den regelmäßigen, aufeinanderfolgenden Monatsanalysen allmählich, aber deutlich anstiegen, wenn die Leute beim Aufstehen ein Glas heißes Wasser mit dem Saft einer Zitrone tranken und ein weiteres am Abend vor dem Schlafengehen. Sie strichen alle konzentrierte Eiweißnahrung, vor allem Fleisch, von ihrem Speiseplan. Sie tranken einen halben bis einen Liter einer Karotten-, Rüben- und Gurkensaftmischung, die täglich frisch zubereitet wurde. Selbstverständlich mieden sie auch alle stärkehaltigen Nahrungsmittel. Dies bewirkte auf natürliche Weise eine deutliche Besserung und ein allmähliches Verschwinden der einstigen Schmerzen und Beschwerden.

Mehr als vierzig Jahre lang habe ich mit allen möglichen Maschinen und Apparaten zur Saftbereitung experimentiert. Ich fand bald heraus, daß es nicht genügte, lediglich den Saft aus dem Obst oder Gemüse herauszupressen oder, wie es bei den meisten heutigen Entsaftern geschieht, bei hoher Geschwindigkeit herauszuschleudern. Erst als ich

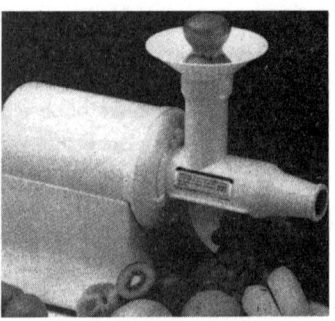

Champion-Entsafter

die Säfte mit einer hydraulisch arbeitenden Presse bereitete, sah ich Resultate, die ebenso erstaunlich wie dauerhaft waren. Sehr gut geeignet ist der Champion-Entsafter*.

Ich habe einen ganzen Stapel von Urinanalysen vor mir liegen, die während der vergangenen zwanzig Jahre gemacht wor-

---

* Lieferhinweise erhalten Sie auf Anfrage von der Gesellschaft für natürliche Lebenskunde e. V., D-2862 Worpswede, Heinrich-Vogeler-Weg 8.

den sind und die mir über alle Fragen und Zweifel hinaus beweisen, daß die obengenannte Preßmethode der einzige Weg ist, befriedigende und dauerhafte Resultate zu erzielen. Der Champion-Entsafter ist eine gut durchdachte Maschine, die die Zellen in den Fasern der Gemüse und Früchte aufreißt und die Atome und Moleküle der Mineralien sowie die chemischen Elemente und Vitamine in den Zellen freisetzt. Er zerkleinert die Gemüse zu einem feinen Brei. Dieser Brei wird hydraulisch gepreßt, so daß es eine hohe Saftausbeute gibt und die Enzyme und Vitamine erhalten bleiben.

Nach meiner Kenntnis ist dies ein gutes Gerät, das vollständig entsaftet. Wenn die Entsaftung nicht vollständig ist, sind die Säfte minderwertig, und man kann nicht erwarten, die gleichen Resultate zu erzielen, die ich bei meiner Forschungsarbeit erzielt habe.

Die Menschen stellen oft fest, daß mit Säften ihre Schmerzen in überraschend kurzer Zeit verschwinden. Wenn ihr Gesundheitszustand sich bessert, glätten sich allmählich ihre Falten, und es zeigen sich alle Anzeichen dafür, daß sie sich auf dem Weg zur Verjüngung befinden.

Im Gegensatz zu den Urinanalysen, die ich erwähnt habe, enthielten diejenigen, die bei Menschen gemacht wurden, die über viele Jahre hinweg nur rohe Gemüse gegessen oder deren Säfte getrunken hatten, die normale, durchschnittliche Mengen an Harnsäure pro Liter Urin. Wenn man aufhört, Fleisch zu essen, ist die Harnsäurebildung normal, und sie wird von den Nieren mehr oder weniger leicht ausgeschieden.

Ich habe keinen Rohköstler gefunden – d. h. Menschen, die über viele Jahre hinweg nur Rohkost gegessen und frische Säfte getrunken haben –, die irgendwelche rheumatischen Beschwerden hatten. Der übermäßige Fettverzehr, vor allem in Form von gebratenen und in Fett gekochten Nahrungsmitteln, hat eine sehr schädliche und degenerative Wirkung auf den Körper und seine Beweglichkeit.

Fette bilden unsere wertvollste Energiereserve, ebenso wie die Batterie im Auto Elemente enthält, die es ihr ermöglichen, elektrischen Strom zu speichern, der für den Start des Motors benötigt wird. Natürliche Fette sind in kleinen Mengen in fast allen Gemüsen, ja selbst in Salaten und in den Früchten enthalten, aber sie werden aufgelöst und zerstört, wenn sie gekocht werden. Avocados und Oliven enthalten wohl das beste Fett, das der Körper verwenden kann.

Um unsere Muskeln jung und elastisch zu erhalten, müssen wir sie mit natürlichen Lebensmitteln ernähren, die lebende, lebensspendende organische Stoffe enthalten. Diese findet man in reichlicher Menge in Salaten, Gemüsen und Früchten. Sie werden sehr leicht aufgenommen.

Der Gedanke, Muskeln durch *Gewichtheben* aufzubauen, ist nur innerhalb gewisser Grenzen richtig und nur dann, wenn wir ein gutes Übungsprogramm haben, das den ganzen Körper gelenkig erhält. Wenn wir uns nur darauf konzentrieren, eine kräftige Arm-, Brust- und Beinmuskulatur zu entwickeln, so müssen wir bald feststellen, daß die Muskeln im übrigen Körper damit nicht in Harmonie stehen. Beim Muskelaufbau sind Ernährung und Ruhe ebenso wichtig wie körperliche Übungen.

Genauso wichtig ist auch die *Atmung*, da Muskelübungen viel Kohlendioxid erzeugen. Dieses Gas wird hauptsächlich durch die Lungen ausgeschieden und ist schwerer als Luft.

Wie ich schon früher in diesem Buch erklärt habe, ist es eher schädlich als nützlich, tief einzuatmen, ohne zuvor die schwerere Luft aus den Lungen auszustoßen. Immer wenn wir trainieren, sollten wir daher erst Atemübungen machen, die unsere Lungen von allem befreien, was die Luft daran hindert, die tiefsten Bereiche unserer Lungen zu erreichen.

Ich hoffe, Sie haben jetzt eine klare Vorstellung, wie wichtig es ist, Ihre Muskeln zu pflegen, während Sie sich bemühen, den besten Weg zur Verjüngung zu finden.

Kapitel 18
Die Augen

Wenn Sie die Augen der Menschen studieren, mit denen Sie sprechen, werden Sie sehen, wie wahr es ist, daß die Augen der Spiegel der Seele sind.

Sie werden Augen sehen, die in jedem Alter jung sind, und Augen, die vorzeitig gealtert sind. Sie werden Augen sehen, die ehrlich, aufrichtig und freundlich sind, und solche, die schlau, durchtrieben und zwielichtig sind. Sie werden Augen sehen, die erstaunt, verträumt und verwirrt sind, und solche, die sicher, entschieden und verläßlich sind. Sie werden Augen sehen, die glücklich und froh sind, und andere, die trübselig, verdrießlich und hart sind.

Was Sie betrifft – studieren Sie Ihre Augen. Es gehört zu den schwierigsten Dingen im Leben, einen positiven Geist durch eine negative Persönlichkeit auszudrücken, und Augen drücken die Persönlichkeit aus. Wenn Ihre Persönlichkeit negativ ist, wird es jeder intelligente Mensch erkennen, wenn er einige Male in Ihren Augen gelesen hat.

Andererseits springt magnetische Kraft aus Ihrer Seele in Ihre Augen über, wenn Ihre Persönlichkeit, zufällig oder planmäßig, positiv geworden ist. Um jünger zu werden, braucht der Geist eine ganze Reihe von Begabungen, die in den Augen sichtbar werden. Wir besitzen wirklich alle diese Talente, aber viele Menschen unterdrücken sie so lange, bis sich die positive, frohe, aufgeweckte und verläßliche Persönlichkeit der Jugend-

113

zeit in eine negative, verschlossene gewandelt hat. Kein Wunder, daß sie viel älter aussehen, als sie sind!

Wenn Ihre Persönlichkeit negativ ist, bedeutet dies, daß Sie kein Vertrauen in Gott und in sich selbst haben. Sie sind von Geburt an so gut wie jeder andere. Wenn Sie diese Tatsache vergessen haben – an der Sie keineswegs gezweifelt haben, als Sie ein Kind waren –, bedeutet dies, daß Sie Ihr Leben nicht fest genug in Ihre eigenen Hände genommen haben, und anstatt das Leben zu meistern, haben Sie dem Leben erlaubt, Sie zu meistern.

Dies ist in den Augen eines Menschen immer sehr deutlich zu sehen. Wenn wir eine positive Persönlichkeit sind, meistern wir das Leben. Das heißt nicht, daß wir alles bekommen, was wir wollen. Das könnte sogar das Schlechteste sein, was uns widerfährt. Es bedeutet, daß wir gelernt haben, uns mit den Menschen und Verhältnissen abzufinden, die uns umgeben, wohl wissend, daß nichts beständig ist außer dem Wechsel. Wir haben gelernt, daß wir nur dann auf mögliche bessere Zustände vorbereitet sind, wenn wir, so gut wir irgend können, das tun, was als nächstes zu tun ist und was unsere Aufgabe ist.

Alle diese Verhältnisse zeigen sich sehr deutlich in unseren Augen: unsere Art zu leben und die genannten Aufgaben zu lösen, deutet sich in der Art und Weise an, wie sich die Seele in den Augen spiegelt.

Ich kannte einen Mann, dessen Gott *Geld* war. Natürlich wollte er es nicht zugeben. Er wäre sogar schwer beleidigt gewesen, wenn man ihm das gesagt hätte. Er nannte es »gutes Geschäft«, »Daseinsvorsorge«, »Sparsamkeit«, und er hatte noch viele andere Ausdrücke dafür. Seine Gesundheit brach ganz plötzlich zusammen, und er war gezwungen, sich zur Ruhe zu setzen. Seine Augen waren klug. Er war außerordentlich ehrlich, und seine Redlichkeit stand außer Zweifel.

Ein Arzt, den ich sehr gut kannte, freundete sich mit ihm an. Er setzte ihn allmählich auf Rohkost, und es gelang ihm, diesem

Mann in zwölf oder fünfzehn Monaten wieder vollständig auf die Beine zu helfen. Eines Tages traf dieser Mann einen anderen sehr beschäftigten Mann, und sie wurden rasch Freunde. Sie aßen nun beide die gleiche Rohkost und tranken täglich ihre Säfte. Sein neuer Freund war in Bezug auf Geld das direkte Gegenteil. Er machte sich nie Sorgen darüber und war freigiebig mit seiner Zeit, seinem Geld und seinem Besitz, solange er das Gefühl hatte, jemandem zu helfen. Die enge Beziehung dieser beiden Männer wandelte den ersten so vollständig, daß seine ganze Persönlichkeit umgekrempelt wurde.

Abgesehen davon, daß ihm seine Ernährung die Gesundheit wiedergebracht und seinen Körper verjüngt hatte, fingen seine Augen an, so magnetisch zu strahlen, daß seine ganze Persönlichkeit verschönt wurde.

Sein größtes Problem war die Tatsache, daß er ledig war und daß sich fast jede Frau, die er traf, in ihn verliebte. Er lernte jedoch, daß er jetzt eine höhere spirituelle Ebene erreicht hatte, da er das Leben besser verstand, und daß er nun imstande war, das Leben zu gestalten. Andererseits lebten diese Frauen in einem Zustand allgemeiner Frustration und erlaubten dem Leben, sie zu beherrschen. Ihre Augen zeigten dies so deutlich wie die Nase in ihrem Gesicht.

Natürlich ist es überhaupt kein Fehler, in jemanden verliebt zu sein. Die Probleme beginnen erst, wenn die Verliebtheit der Selbstsucht entspringt, die den Wert wahrer Freundschaft mißachtet und in den Bereich der Besitzgier gerät. In höheren Bewußtseinszuständen findet Besitzgier keinen Eingang in eine Beziehung zwischen Menschen. Im Gegenteil: Das größte Glück ist jenes, das wir mit einem anderen in vollkommenem und vollständigem Verstehen der *universellen Liebe* teilen, die keine menschlichen Grenzen und Fesseln kennt. Sie umfaßt alle lebenden Wesen.

Je mehr wir unseren Nächsten lieben, desto größer ist unsere Fähigkeit, den Rest der Menschen zu lieben. Umgekehrt – je mehr wir andere Menschen lieben, umso größer wird unsere Fähigkeit, unseren Nächsten zu lieben.

Es gibt nichts Körperliches in dieser universellen Liebe. Es ist die Liebe, die Gott in unendlichem Mitleid für jede lebende Kreatur empfand.

Ich kannte eine sehr hübsche Frau, deren natürliche Fähigkeit, Menschen glücklich zu machen, enorm gewesen wäre, wenn – und dies ist ein sehr großes Wenn – sie nicht voller *Eifersucht* gewesen wäre. Ihr Ehemann war ein guter, aufrechter, häuslicher, treuer Mann mit einem einträglichen, wachsenden Geschäft. Wäre er imstande gewesen, in ihren Augen zu lesen, als er vor Liebe zu ihr geblendet war, hätte er nie den Fehler begangen, sie zu heiraten.

Nach zwei Jahren machte ihre Eifersucht sie zu einer unerträglichen, negativen Frau. Er verkaufte sein Geschäft, verließ sie und zog ans andere Ende der Welt. Diese Trennung, für die sie natürlich allein verantwortlich war, brachte ihr den wahren Stand der Dinge nicht zum Bewußtsein, und sie wurde introvertiert. Ihre Gedanken kreisten wild in einem Chaos von Eifersucht und Wutanfällen. Ihre Augen, die von vollkommener Schönheit hätten sein können, stießen selbst Menschen ab, die ihre Freunde sein wollten.

Es war das jämmerliche Schauspiel einer vollkommen schönen Seele, die zu einem verdrießlichen und trübsinnigen Menschen degenerierte, weil es ihr an Verständnis und Bereitschaft zum Zusammenleben fehlte.

Lerne, das Leben zu meistern, damit deine Seele mit den Strahlen des Lebens durch deine Augen funkelt, und zeige der Welt, daß du jünger werden willst.

Kapitel 19
Die Drüsen

Die Drüsen des menschlichen Körpers sind für den Durch-schnittsmenschen etwa so leicht zu verstehen wie der Vergaser eines Autos für einen Eskimo, der noch nie ein Auto gesehen hat. Das liegt an unserem mangelhaften Bildungssystem. Kaum jemand kennt auch nur die Lage seiner Drüsen, und noch weni-ger wissen, wenn überhaupt, etwas über ihre Funktionen.

Um jünger zu werden, müssen wir daher Wissen nachholen, vor allem über diese lebenswichtigen kleinen Organe. Ohne die-ses Wissen ist es für den Durchschnittsmenschen das einfachste der Welt, einer Operation zuzustimmen, die nicht nur völlig unnötig sein kann, sondern die ihm in diesem Leben jede Chan-ce nimmt, jünger zu werden. Wenn wir unsere Drüsen nicht jung erhalten, können wir nicht erwarten, jünger zu werden.

Wir haben viele Drüsen in unserem Körper, die wir in zwei Kategorien einteilen können. In der einen Kategorie haben wir Drüsen, die wie Laboratorien sind. Sie verändern Substanzen und wandeln sie in andere Substanzen um, die von denen, die sie zunächst aufgenommen haben, verschieden sind. Andere Drüsen in dieser Gruppe arbeiten als Filter für Stoffe, die sie durchströmen. In diese Gruppe gehören die Leber, die Nieren, die Tränendrüsen u. a. Zu der anderen Gruppe gehören Drüsen, die Produktionsbetriebe sind. Sie sind als Drüsen der inneren Sekretion bekannt oder als endokrine Drüsen. Sie stellen Stoffe wie Hormone her, und zwar ohne, daß es erkennbar wäre, wie

Die Drüsen

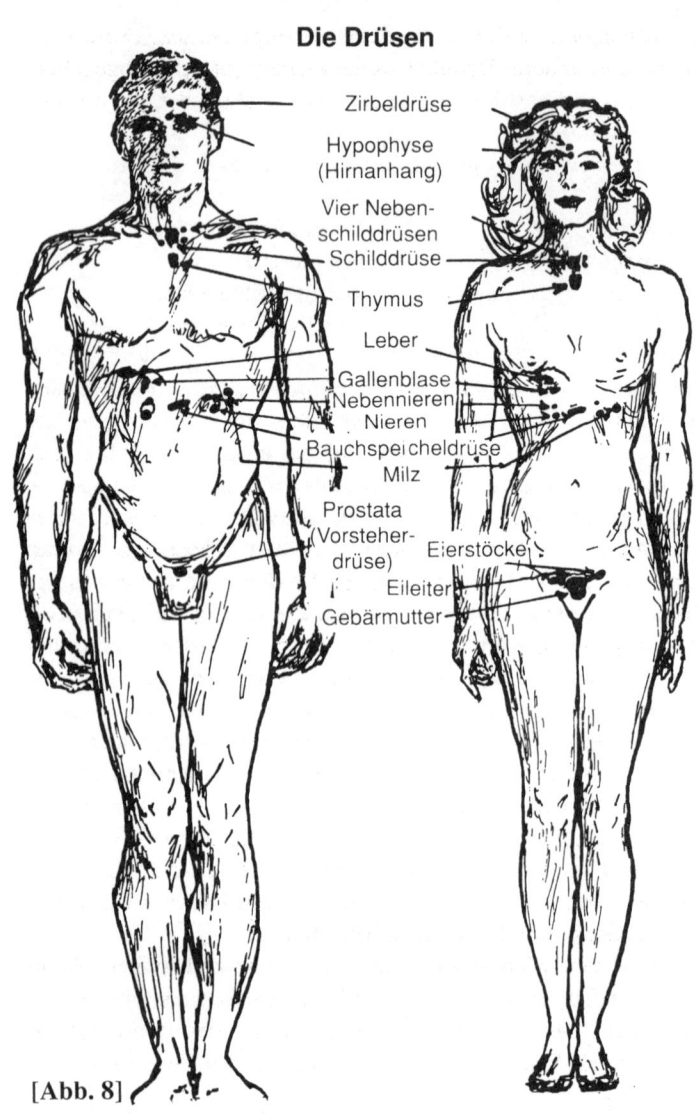

Zirbeldrüse

Hypophyse
(Hirnanhang)

Vier Neben-
schilddrüsen

Schilddrüse

Thymus

Leber

Gallenblase
Nebennieren
Nieren

Bauchspeicheldrüse

Milz

Prostata
(Vorsteher-
drüse)

Eierstöcke

Eileiter

Gebärmutter

[Abb. 8]

sie von anderer Seite mit Material versorgt werden. Diese Hormone und andere Produkte werden direkt ins Blut abgegeben, ohne daß es einen Abfluß wie etwa eine Röhre oder einen Kanal aus der Drüse gäbe.

Wir haben acht besonders wichtige endokrine Drüsen:

Zirbeldrüse,	Bauchspeicheldrüse,
Thymus,	Nebennieren,
Hirnanhangdrüse,	Nebenschilddrüsen,
Schilddrüse,	Geschlechtsdrüsen.

Ich habe ein Schaubild der Drüsen angefertigt, für dessen Ausarbeitung ich viele Jahre gebraucht habe.

Das Schaubild zeigt und beschreibt alle wichtigen Drüsen des Körpers, einschließlich der Geschlechtsdrüsen. Es zeigt die wechselseitige Beziehung zwischen jeder Drüse und jeder anderen Drüse. Es zeigt, wie jede Drüse bei der Funktion anderer Drüsen mitwirkt. Es zeigt nicht nur die chemischen und mineralischen Substanzen, aus denen sich die Drüsen zusammensetzen, sondern auch, welche Wechselwirkung zwischen jeder dieser Substanzen und anderen Drüsen besteht. Es zeigt, welche Stoffe benötigt werden, um jede Drüse zu ernähren, und welche Stoffe erforderlich sind, um jeder Drüse zur höchsten Wirksamkeit zu verhelfen. Das Schaubild gibt einen Eindruck davon, wo sich die Drüsen im Körper befinden[*].

Man kann nicht sagen, daß irgendeine Drüse weniger wichtig oder wichtiger wäre als andere Drüsen. Wann immer irgendeine Drüse irgendwie gestört ist, ist jede andere Drüse des Körpers direkt oder indirekt mit davon betroffen.

Es ist sehr wichtig, dies immer im Auge zu behalten. Wenn sich eine Drüsenstörung zeigt und wir versuchen, sie isoliert zu behandeln, ohne gleichzeitig ein ausgewogenes Heilmittel für die anderen Drüsen anzuwenden, können wir eine Kette von

---

[*] Das 297x420 mm große Schaubild der endokrinen Drüsen können Sie beim Waldthausen-Verlag, PF 12 61, D-2863 Ritterhude, anfordern.

Reaktionen auslösen, die früher oder später unseren ganzen Organismus durcheinanderbringen. Meiner Erfahrung nach ist es nur in den allerschlimmsten Störungsfällen gerechtfertigt, daß wir uns auf eine oder zwei bestimmte Drüsen beschränken, währenddessen wir die anderen außer acht lassen. Wenn wir die verschiedenen Drüsen studieren, werden die Gründe hierfür offenkundig.

Die Zirbeldrüse

Die Zirbeldrüse greift aktiv in die Angelegenheiten unseres »höheren« oder spirituellen Selbst ein. Sie ist gewöhnlich in Zusammenarbeit mit der Hirnanhangdrüse an den Gehirnfunktionen beteiligt: Gedächtnis, Urteilskraft, Vernunft, Überlegung, Betrachtung, Liebe, Verehrung usw. Diese Funktionen bewegen sich entlang der Kanäle, die von der Zirbeldrüse in Schwingung versetzt werden, ganz ähnlich wie beim Lautsprecher in Ihrem Radio, nur millionenmal schneller.

Die Aktivität der Zirbeldrüse hängt ab vom spirituellen Niveau, auf dem ein Mensch lebt. Wenn er sich auf einer höheren spirituellen Ebene befindet, haben ihre Schwingungen einen erhebenden Einfluß auf die Gefühle. Wenn er auf einer niedrigeren, materiellen, groben, körperlichen Ebene lebt, sind seine Gefühle der gleichen Art wie bei den Tieren.

Eines Tages machte ich ein interessantes Experiment mit einem dieser »Kanäle«. Ein befreundeter Wissenschaftler entwickelte ein empfindliches elektrisches Meßgerät, das die Schwingungen der niedrigen Tiere und hochentwickelten, spirituellen Menschen registrierte. Ich nahm das »Steuer« in die Hand, während er an den Skalen seiner Maschine herumfingerte.

Er behauptete, ein Mensch, der dieses »Steuer« in der Hand halte, könne nur seine eigenen, natürlichen Schwingungen registrieren, je nach dem Bewußtseinszustand, in dem er sich derzeit befinde. Ich sagte ihm, jeder, der die Herrschaft und die Kontrolle über sich selbst habe, könne seine Schwingungen nach Belieben anheben oder senken. Er war völlig anderer Meinung. Daher das Experiment.

Fast eine ganze Stunde lang ließ ich seine Zeiger über alle Skalen hüpfen. Ich veranlaßte meine Zirbeldrüse durch meinen Willen, so zu schwingen, wie ich es wollte. Ich begann, indem ich mich völlig entspannt, im Frieden mit der Welt und in einem Zustand der Exstase, auf einen niedrigen Hocker setzte. Innerhalb von Sekunden stellte ich mir das Leben Christi vor und versuchte, seine wunderbare Liebe für jedes lebende Wesen nachzuempfinden. Ich fühlte mich regelrecht verklärt, und ich gab meinem Freund das Zeichen, meine Schwingungen aufzuzeichnen. Stellen Sie sich seine Bestürzung und sein Erstaunen vor, als der Zeiger über die höchste Marke auf seiner Maschine hinausschnellte!

Als nächstes, nachdem ich einige Minuten »auf der Erde zurück« war, begann ich an meine französischen Schäferhunde zu denken und an den Nachwuchs, den sie mir erst vor kurzem präsentierten. Als ich das Zeichen gab, fiel der Zeiger zwei Drittel der Skala nach unten – in den Bereich tierischer Schwingungen.

Nach einigen weiteren Minuten konzentrierte ich meine Gedanken aufs neue und stellte mir vor, ich sei in einer Halle, die voll von Menschen ist, die einen Boxkampf beobachten. Als ich eine ausreichende Menge ihrer Emotionen aufgenommen hatte, gab ich das Zeichen, und der Zeiger fiel an das untere Ende.

Dieses Experiment war sehr erfreulich für mich, da es mir bewies, daß ich imstande bin, die Herrschaft über meine Zirbeldrüse auszuüben und ich folglich mein Leben beherrschen kann. Mein Freund ist allerdings immer noch verblüfft über das Resultat, und er fragt sich, soviel ich weiß, immer noch, wie es gemacht wird.

Wenn er mich fragt, werde ich ihm sagen, wie es geht: Ich rauche nicht, trinke weder Alkohol noch Limonaden, esse weder Fleisch, Getreide, Stärkeprodukte noch Zucker und lasse keinen einzigen negativen Gedanken in mein Bewußtsein. Es ist wirklich so einfach. Doch mehr davon später.

Die Hirnanhangdrüse

Die nächste Drüse, die wir betrachten wollen, ist die Hirnanhangdrüse (Hypophyse). Sie sorgt für das Gleichgewicht des gesamten Drüsensystems des Körpers. Wenn es keinen anderen Grund gäbe, wäre dies Grund genug, unseren Appetit zu zügeln und ihn auf die bestmögliche Weise zu schulen. Das führt uns auf den Weg zur Verjüngung.

Der vordere Teil dieser Drüse ist mit dem Wachstum des Körpers und mit der Fortpflanzung befaßt. Eines der Hormone, die diese Drüse erzeugt, steuert die Geschlechtsdrüsen. Der hintere Teil hat mit der Muskelkoordination, mit dem Druck des Blutkreislaufs und mit dem Farbpigment der Haut zu tun. Er übt ferner einen beherrschenden Einfluß auf die Tätigkeit der Nieren aus, indem er bestimmt, wieviel Wasser sie durchströmt. Der mittlere Teil dieser Drüse übt andererseits einen hemmenden Einfluß auf die Nierenfunktion aus.

Wie wir sehen, werden beide Funktionen desselben Organs oder derselben Drüse von verschiedenen Teilen einer anderen Drüse reguliert. Wie man leicht erkennen kann, würde eine Störung der Hirnanhangdrüse zu übermäßigem oder ungenügendem Urinfluß führen.

Wir haben festgestellt, daß das Stärkemolekül in Getreide- und Mehlprodukten für viele Störungen der Hirnanhangdrüse verantwortlich gemacht werden kann, die die Nierenfunktion beeinträchtigen. Das ist mir vor allem bei bettnässenden Kindern aufgefallen. Wenn man bei diesen Getreide, Brot und andere stärkereiche Nahrung vollständig absetzte und ihnen Rohkost oder Säfte anstelle von Milch gab, hörte das Bettnässen bald auf. Das ist kein Zufall, da die Schwierigkeiten, die so vie-

Der Einfluß der Drüsen auf den Organismus

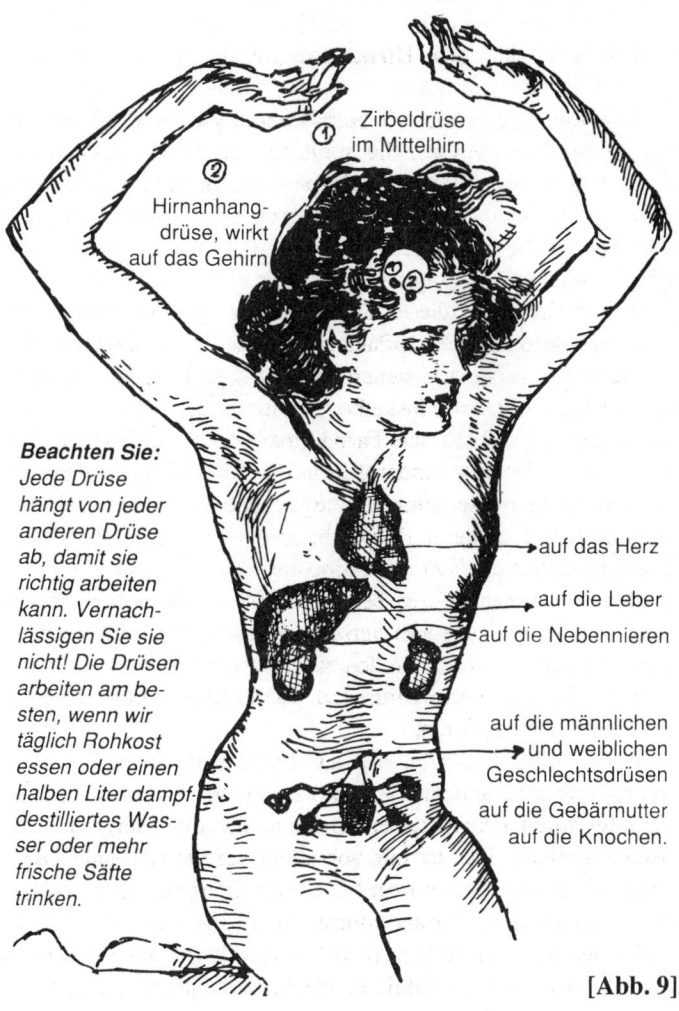

Zirbeldrüse
im Mittelhirn

② Hirnanhang-
drüse, wirkt
auf das Gehirn

Beachten Sie:
*Jede Drüse
hängt von jeder
anderen Drüse
ab, damit sie
richtig arbeiten
kann. Vernach-
lässigen Sie sie
nicht! Die Drüsen
arbeiten am be-
sten, wenn wir
täglich Rohkost
essen oder einen
halben Liter dampf-
destilliertes Was-
ser oder mehr
frische Säfte
trinken.*

auf das Herz

auf die Leber
auf die Nebennieren

auf die männlichen
und weiblichen
Geschlechtsdrüsen

auf die Gebärmutter
auf die Knochen.

[Abb. 9]

le ältere Leute mit der Kontrolle des Harnlassens haben, gewöhnlich ebenfalls auf ihren reichlichen Verzehr von stärkereicher Nahrung zurückgeführt werden kann.

Die richtige Ernährung und Pflege aller Zellen unseres Körpers befähigt sämtliche Drüsen, bestens zu arbeiten, ohne daß
künstliche Vitamine und Hormone nötig wären. Nur wenn unsere Drüsen ihre höchste Leistungsfähigkeit erreichen, wissen wir,
daß wir tatsächlich dabei sind, jünger zu werden.

Die Schilddrüse

Die Schilddrüse ist die Drüse, mit der die meisten Leute vertraut sind, da eines der Probleme, die bei einer Störung ihrer
Funktion auftreten, die Bildung eines Kropfes im Hals ist. Diese Krankheit würde die Menschen nicht befallen, wenn sie richtig ernährt wären.

Die Schilddrüse hat einen beherrschenden Einfluß auf alle
chemischen Vorgänge, die im Körper ablaufen. Einer der Stoffe,
die von dieser Drüse gebildet werden, ist das Hormon, das man
als »Thyroxin« kennt.

Zu den Inhaltsstoffen, die die Schilddrüse verwendet, um dieses Hormon herzustellen, gehört ein Eiweiß, das unter der Be-
zeichnung Kasein bekannt ist. Der Körper stellt sein eigenes
Kasein aus den Atomen her, die in unserer Nahrung enthalten
sind, auf dieselbe Weise, wie die Kuh das Kasein in ihrer Milch
aus ihrem Futter gewinnt.

Kasein ist einer der wichtigsten Bestandteile der Milch, aber
wenn Menschen gleich welchen Alters Kuhmilch trinken, wird
es unter keinen Umständen richtig oder vollständig verdaut.
Das ist der Grund, warum der Genuß von Milch nicht nur große
Mengen Schleim im Körper erzeugt, sondern auch nach und
nach die Funktion der Schilddrüse stört.

Das Kasein in der Kuhmilch ist dreimal konzentrierter als das
der Muttermilch. Wenn man Kuhmilch pasteurisiert oder kocht,

ändert sich das Kasein und wird noch gefährlicher als im Roh-
zustand. Die Pasteurisierung von Milch wurde in USA eingeführt, als die großen Molkereien in einem der östlichen Staaten
einen Arzt einstellten, um die Zulassung dieses Verfahrens zu
erreichen. Durch die Pasteurisierung verdarb nämlich die Milch
seltener und konnte infolgedessen mit höherem Gewinn ver-
kauft werden.

Die Behauptung, Milch beuge der Verbreitung des Maltafie-
bers vor, ist völlig falsch*. In meinem eigenen Labor habe ich
festgestellt, daß sich das Maltafieberbakterium in pasteurisierter
Milch viel schneller und üppiger vermehrt als in roher Milch.
Wenn Sie daran interessiert sind, diese Studie eingehender zu
prüfen, lesen Sie nach, was ich über das Thema Milch in meinem Buch *»Täglich frische Salate erhalten Ihre Gesundheit«*
geschrieben habe und lassen Sie sich sagen, wieviele Todesfälle
in San Francisco, Kalifornien, und in Montreal, Kanada, unmittelbar auf den Genuß pasteurisierter Milch zurückgingen**.

Meine eigenen Beobachtungen haben mich davon überzeugt,
daß Jugendliche, die große Mengen Milch trinken, den Grundstein für Störungen der Schilddrüse und anderer Drüsen in
künftigen Jahren legen. Frische, rohe Säfte sind viel gesünder
und nahrhafter als Kuhmilch. Wenn wir Nahrungsmittel meiden, die die Funktion unserer Drüsen stören, und stattdessen
Nahrungsmittel essen, die nützlich und nahrhaft sind – wie zum
Beispiel rohe Lebensmittel und frische Säfte –, fördern wir
nicht nur die Widerstandsfähigkeit der Drüsen gegen Krankheiten und Störungen, sondern wir ermöglichen es ihnen, mehr und
bessere Hormone zu erzeugen. Wenn sie das tun, machen sie
den ganzen Organismus gesünder und leistungsfähiger.

Wenn die Schilddrüse nicht in der Lage ist, reibungslos Thyroxin zu erzeugen, können zahlreiche Störungen die Folge sein.

---

* In Deutschland ist das Maltafieber sehr selten, weshalb es hier auch nicht als Grund für das Pasteurisieren angegeben wird. In Europa wird als Hauptgrund angegeben, daß die Kuhmilch früher
oft Tuberkulosebakterien enthielt, die durch das Pasteurisieren abgetötet werden.
** Siehe auch die Schrift: »Milch – Quelle der Gesundheit oder Krankheit?« von *Dr. med Frie-
drich Dorschner.* Hier wird die europäische Entwicklung im Hinblick auf die Pasteurisierung
und die heutige Situation anschaulich dargestellt.

Dazu zählen Verfall von Körpergewebe, Nervenreizungen, Zahn- und Muskelschäden, Störungen der Geschlechtsorgane, Hautverdickung und -vergröberung, trockenes und unansehnliches Haar – um nur einige zu nennen. Diese Zustände werden alle von der Schilddrüse und ihren Hormonen gesteuert.

Um jünger zu werden, vermeiden wir es daher, igendwelche künstlichen oder tierischen Hormone aufzunehmen, außer natürlich in äußerster Not und als letzte Rettung. Die besten und wirksamsten Hormone, die wir bekommen können, sind solche, die unsere eigenen Drüsen aus richtigen rohen Lebensmitteln herstellen. Falsche Nahrung kann viel ernstere Folgen haben als lediglich vorübergehende Störungen. Sie kann nicht nur zu Kropfbildung führen, sondern auch zu Gebrechen wie Zwergenwuchs, Fettleibigkeit und Gigantismus (abnormes Größenwachstum), Kretinismus oder Idiotie, und vielem anderen.

Viele dieser Gebrechen können natürlich die Folge mechanischer Störungen der betroffenen Körperteile sein, und einige können durch chiropraktische Korrekturen gebessert werden. Arzneien und Medikamente können einigen Beschwerden abhelfen, jedoch nur auf Kosten einer künftigen Schädigung des betreffenden Körperteils oder eines anderen. Andererseits habe ich bemerkenswerte Erfolge gesehen, die erreicht wurden durch ein gutes Reinigungsprogramm und eine wohlausgewogene Rohkosternährung, ergänzt durch reichliche Mengen roher Säfte, die richtig zubereitet wurden.

Wenn diese Säfte nicht sorgfältig und vollständig ausgepreßt werden, mangelt es ihnen an eben den Stoffen, die für Heilzwecke benötigt werden. In diesem Fall kann es lange dauern, bis die erwarteten Resultate eintreten. Andererseits habe ich es noch nie erlebt, daß die Säfte nicht nützlich waren, wenn sie frisch – nicht eingedost – waren und mit der richtigen Presse zubereitet wurden.

Ich erinnere mich an den dreizehn Jahre alten Sohn eines Bauern in New Jersey. Als ich ihn zum ersten Mal traf, war der kleine Kerl ein typischer Kretin. Sein Kopf hatte Übergröße, sein Haar war wie getrocknetes Stroh, er hatte den Körper eines fünfjährigen Kindes und war unfähig, aus seinem verzerrten Mund mehr als unverständliche Laute von sich zu geben.

Er wurde fast nur mit Milch- und Stärkeprodukten ernährt. Seine Ernährung wurde vollständig auf rohe Gemüse, Salate und Früchte umgestellt, und er trank jeden Tag so viele frische rohe Säfte, wie er konnte. Nach drei Jahren, als er sechzehn Jahre alt war, war sein Körper beträchtlich gewachsen, und seine Gestalt normaler. Sein Gesicht hatte einen deutlich intelligenteren Ausdruck angenommen, sein Haar war völlig natürlich und lebendig, und er war imstande, wie jedes andere Familienmitglied zu sprechen.

Ein anderer Fall war der eines 24 Jahre alten Mädchens in Kalifornien. Bis zum vierzehnten Lebensjahr war sie augenscheinlich in jeder Hinsicht normal. Fast über Nacht begann ihr Körper einzufallen, und sie verlor ihre Fähigkeit, deutlich zu sprechen. Ihre Sprache war ganz undeutlich, außer für ihre Familie. Ihr Haar richtete sich auf und wurde borstig, und ihre Bewegungen zeigten deutliche Anzeichen von Schwachsinn.

Ihr Zustand sprach auf keine der »othodoxen« Behandlungsmethoden an, und ihre Familie wandte sich schließlich Naturheilmethoden zu, in der Hoffnung, sie würden ihr ein wenig nutzen. Sie bekam Klistiere und Darmspülungen. Sie hatte von Stärke, Milch und Dosennahrung gelebt, und sie konnte nur mit Schwierigkeiten dazu bewegt werden, sich ganz auf rohe Früchte und Gemüse umzustellen, und natürlich auf all die frischen Säfte, die sie täglich trank. Die Säfte wurden bei ihr zuhause mit einer Saftpresse zubereitet, um sowohl ihre Qualität als auch ihre Reinheit zu gewährleisten. Eine erkennbare Besserung zeigte sich fast sofort, und nach wenigen Monaten war ihre Stimme deutlich zu verstehen.

Ich sah sie zuletzt zweieinhalb oder drei Jahre nach der Umstellung ihrer Ernährung, und sie war nicht nur ganz normal, sondern nahm auch wieder ihr Studium auf, das sie unterbrochen hatte, nachdem sie von ihrem Leiden befallen worden war. Die Säfte, die in diesen beiden Fällen verwendet wurden, bestanden aus einem Liter Saft nach dem Rezept Nr. 2 im Buch *»Frische Frucht- und Gemüsesäfte«*: Karotten, Sellerie, Petersilie und Spinat, denen pro halbem Liter 1/4 Teelöffel Algenpulver, Meersalat (eine Grünalge) oder roter Tang aus dem örtlichen Reformhaus hinzugefügt wurden. Dazu kamen 1/2 Liter Karotten- und Spinatsaft (Rezept Nr. 61), 1/2 Liter Karottensaft und, wenn möglich, 1/2 Liter nach Rezept Nr. 30: Karotten-, Rüben- und Gurkensaft. Das war der Tagesplan. Wenn es ihr nicht möglich war, die 2 1/2 Liter zu trinken, trank sie, soviel sie konnte, in der obengenannten Reihenfolge.

Ich kenne sehr viele Menschen, die alle oder die meisten dieser Rezepte dazu nutzten, ihre Kropfprobleme zu lindern, und großen Nutzen daraus zogen. Die Schilddrüse kann viel zur Verjüngung beitragen, aber wir müssen darauf achten, was wir essen und trinken, wenn wir jünger werden wollen.

Die Nebenschilddrüsen

Die Nebenschilddrüsen sind vier Drüsen, die an der Schildrüse hängen. Ihre Hauptaufgabe ist es, die Kalziumversorgung des Körpers zu kontrollieren und zu regulieren. Sie haben außerdem Einfluß auf das Lymphsystem, indem sie bestimmte Arten von Giften im Organismus neutralisieren. Sie sind verantwortlich für Gefühle wie Angst, Furcht, Wut, Haß, Eifersucht usw. Dabei regen sie die Sekretion der Nebennieren an. Wie wir bereits gesehen haben, ist deren Sekret, das Adrenalin, hochgiftig und schädigt den ganzen Körper, wenn es im Übermaß erzeugt wird.

Die Hauptfunktion der Nebenschilddrüsen ist jedoch die Steuerung des Kalziumstoffwechsels, des Kalziumgehaltes im Blut, in den Zähnen und in den Knochen, und des restlichen Kalziums in den Geweben. Es ist sehr wichtig, sich bewußt zu sein, daß diese Drüsen nicht zwischen organischem und anorganischem Kalzium unterscheiden können. Das heißt, daß sie alle Kalziumatome oder -moleküle verwenden, die vorhanden sind, ungeachtet dessen, ob sie tot oder lebendig und lebensspendend sind. Wenn unser Schöpfer ihnen die Fähigkeit gegeben hätte, die lebendigen Stoffe auszuwählen und die gekochten oder verarbeiteten zurückzuweisen, gäbe es keine Arthritisopfer, hätten wir unser Leben lang wundervolle Zähne, und niemand hätte deformierte Knochen, solange wir genügend rohe Nahrung essen würden.

Das Kalzium in pasteurisierter Milch und in gekochten Milchprodukten sowie das in Getreide und stärkereicher Nahrung ist schon durch den Erhitzungsprozeß anorganisch geworden. Unter diesen Umständen kann der Körper das Kalzium nicht sinnvoll nutzen, ohne letztlich die Teile des Körpers, die Kalzium enthalten, zu schädigen, gleichgültig, wieviel Kalzium wir uns zuführen, wenn wir solche Nahrungsmittel essen oder Kalzium in Tablettenform einnehmen.

Den Beweis dafür haben wir in den geschwollenen, verkalkten Gelenken bei Arthritis, in der Degeneration der Zähne und Knochen, in verstopften Blutgefäßen – Tumore, Hämorrhoiden, Krampfadern –, in hohem und niedrigem Blutdruck und natürlich in all den Anzeichen vorzeitigen Alterns.

Um jünger zu werden, ist es erforderlich, den Körper mit Nahrung zu versorgen, die reich an organischem, lebendem und lebensspendendem Kalzium ist, mit dem die Nebenschilddrüsen zu unserem Vorteil arbeiten können. Dieses Kalzium findet man nur in rohem Gemüse, Salaten und Früchten und in daraus bereiteten frischen rohen Säften. Zu den Lebensmitteln mit dem höchsten Kalziumgehalt gehören Karotten, Rüben, Spinat und Löwenzahn, um nur einige zu nennen.

Die Thymusdrüse

Die Thymusdrüse ist eine wenig bekannte Drüse, deren Funktion sich während unseres Lebens mehrere Male ändert. In der frühesten Kindheit, bis zu einem Alter von etwa achtzehn Monaten, spaltet sie Kasein und andere Bestandteile der Muttermilch auf und versetzt den Körper in die Lage, Milch aufzunehmen. Nachdem sie etwa achtzehn Monate lang so gearbeitet hat, erfährt sie eine bemerkenswerte funktionelle Umwandlung: Bis zur Pubertät und bis zum beginnenden Jugendalter ist die Thymusdrüse an der Entwicklung der Geschlechtsdrüsen beteiligt. Mit Beginn des Jugendalters wird sie zu einem wichtigen Faktor bei der Entfaltung des Charakters und der Gefühle des Menschen, in der Breite wie in der Tiefe. Wenn die Wirkung der Thymusdrüse bei der Entwicklung der Geschlechtsdrüsen bis dahin nicht abgeklungen ist, wächst der Jugendliche weiter, bis er überdurchschnittlich groß ist. Wenn sich die Geschlechtsdrüsen andererseits zu früh entwickeln, und wenn die Thymusdrüse zu schnell zu ihrer nächsten Funktionsveränderung angeregt wird, hört der Betreffende auf zu wachsen und bleibt unter der Durchschnittsgröße.

Seit kurzem wissen wir, daß die Thymusdrüse in der Immunabwehr eine ganz überragende Rolle spielt.

Mit dem Erreichen des Jugendalters übernimmt die Thymusdrüse die Aufgabe, die höheren und die niedrigeren Instinkte ins Gleichgewicht zu bringen. Sie wird dann vom Willen, vom Geist und von den Wünschen des Menschen kontrolliert, bis die Reife erreicht ist. Dies ist die kritischste Zeit im Leben. Hier kommt es darauf an, wie umfassend und stark die Disziplin des Menschen ist. Diese Zeit legt den Grundstein für die künftige Aufrichtigkeit und Ehrlichkeit eines Menschen. Wenn man ihm erlaubt, ungezügelt, undiszipliniert und unkontrolliert seinen Lebensweg zu gehen, wird das Gewebe der Thymusdrüse schlaff, und nach Jahren wird er sich auf einer niedrigen, wenn nicht der niedrigsten Bewußtseinsebene wiederfinden. In diesem Lebensabschnitt arbeitet die Thymusdrüse eng mit der Zirbeldrüse, der »spirituellen Drüse« zusammen. Wenn die Disziplin schwach ist oder wenn sie fehlt, sehen wir Jugendliche in die Kriminalität oder ins Rowdytum abgleiten. Erziehungsheime und Gefängnisse sind voll von diesen bedauernswerten Menschen, obwohl man hinzufügen sollte, daß es dort vielleicht mehr Menschen gibt, die in solchen Einrichtungen nichts zu suchen haben, als es außerhalb dieser Anstalten Menschen gibt, die eigentlich dorthin müßten.

Um den Charakter, die Aufrichtigkeit und die Ehrlichkeit künftiger Generationen zu entwickeln, müssen Eltern zur Einsicht gelangen, daß Kinder in jedem Alter Zuneigung und Verständnis brauchen, ebenso wie eine richtige Ernährung. Die Entwicklung dieser beiden äußerst wichtigen, charakterbildenden Drüsen – des Thymus und der Zirbeldrüse – liegt voll und ganz in den Händen der Eltern. Wenn Kinder und Jugendliche zu verläßlichen und aufrichtigen Menschen heranwachsen, obwohl sie ohne Führung aufwuchsen, dann ist ihnen dies trotz der fehlenden Disziplin und Leitung gelungen – und dank einer angeborenen Intelligenz, die höher ist als die ihrer Eltern.

Wenn wir jünger werden wollen, müssen wir unserem Nachwuchs auch die Gelegenheit geben, die einfachen Regeln zu lernen, die ihn in die Lage versetzen, jung zu bleiben.

Die Bauchspeicheldrüse

Die Bauchspeicheldrüse (Pankreas) ist die aktivste Drüse in unserem Verdauungssystem. Sie produziert gleichzeitig verschiedene Arten von Verdauungssäften, welche die verschiedenen Bestandteile der Nahrung, die wir essen, aufspalten. Wenn wir rohe Gemüse, Salate und Früchte essen, arbeitet die Bauchspeicheldrüse am besten. Sie hat praktisch nichts mit dem Spalten von Molekülen zu tun, sie hilft den Atomen und Molekülen lediglich, sich zu trennen, so daß sie vom Blut- und Lymphstrom leicht aufgenommen und überall im Körper von den Drüsen, Zellen und Geweben rasch verwertet werden können.

Wenn wir stärkereiche Nahrung, Zucker und Fleisch essen, hat der Pankreas mehr als sonst zu tun. Stärke kann nicht als solche verdaut werden, sondern sie muß in primäre Zucker zerlegt werden. Die Bauchspeicheldrüse muß nicht nur die Verdauungssäfte für diese Zucker liefern, sondern sie muß auch bei der notwendigen Umwandlung oder Zerlegung der Stärke helfen. Diese Zusatzarbeit kann letztlich zu Diabetes führen.

Wenn wir Fleisch, Fisch oder Geflügel essen, können wir weder das konzentrierte Eiweiß noch die Aminosäuren, aus denen diese Nahrung besteht, so verwerten, wie sie sind. Alles muß in die Atome zerlegt werden, aus denen es sich zusammensetzt, so daß der Körper diese Atome neu anordnen kann, um nun seine eigenen Eiweißstoffe herzustellen. Der Pankreas erledigt den größten Teil dieser Umwandlungsarbeit, indem er die notwenddigen Verdauungssäfte liefert. Da diese Aufgabe eine beträchtliche Arbeitsleistung erfordert, überlastet sie nicht nur die Bauchspeicheldrüse, sondern erzeugt außerdem große Mengen Harnsäure im Körper, wie Sie beim Lesen dieses Buches bereits erfahren haben.

Die Fette in unserer Nahrung müssen in Glyzerin und Fettsäuren zerlegt werden, und die Bauchspeicheldrüse liefert auch für diesen Zweck die Verdauungssäfte.

Da die Bauchspeicheldrüse selbst unter den günstigsten Umständen so viel für uns arbeiten muß, ist es offensichtlich widersinnig, sie dadurch zu überfordern, daß wir Nahrungsmittel essen und trinken, die geradezu schädlich sind. Im Gegenteil – wir sollten über diesen Aspekt unseres Appetits und unserer Bedürfnisse ernsthaft und mit Verstand nachdenken, wenn wir wirklich jünger werden wollen.

Leute, die darauf bestehen, Babys und Kindern Bonbons, Kekse und andere stärkereiche Nahrung sowie zuckergesüßte

Getränke zu geben, können sicherlich nicht verstehen, welchen Schaden sie ihrem Kind damit antun. Die schreckliche und entsetzliche Zunahme der Diabetes bei Kindern jeden Alters sollte den Eltern jedenfalls eine Lehre sein. Um in dieser Zeit und in dieser Generation jünger zu werden, müssen wir Verstand und Vernunft gebrauchen. Wir können es uns einfach nicht leisten, uns von falschen und verführerischer Werbung ködern zu lassen.

Die Nebennieren

Die Nebennieren liegen genau auf der Spitze der Nieren, wie eine Haube auf jeder Niere. Wenn Sie zum achten Kapitel zurückblättern und es nochmals durchlesen, können Sie Ihr Gedächtnis auffrischen: über die Macht des Nebennierensekrets, des *Adrenalins* und dessen Wirkung auf den ganzen Organismus, körperlich wie seelisch. Sie werden sich daran erinnern, daß ein einziger Tropfen Adrenalin sofort auf ein oder zwei Milliardstel verdünnt wird, was einem Tropfen in 23 Millionen Litern Blut entspricht. Da sich im ganzen Körper nur etwa viereinhalb Liter Blut befinden, überlasse ich es Ihnen, sich vorzustellen, wie mikroskopisch klein die abgesonderte Adrenalinmenge ist.

Unser Schöpfer schenkte uns sicherlich viel mehr Vertrauen, als wir verdienen, als er uns einer so mächtigen Substanz, einem so tödlichen Gift aussetzte. Todesfälle durch übermäßige Wut, Furcht oder Aufregung können sehr wohl durch zuviel Adrenalin verursacht werden, das in unser Blut gelangt und nicht schnell genug verdünnt wird.

Tiere, beispielsweise Rinder und Schweine, die zum Schlachten zusammengetrieben werden, wissen durch ihren Instinkt von ihrem herannahenden Schicksal. Sie haben heillose Angst und fallen in eine Panik, die man nicht bescheiben kann. Als Folge davon werden ihr Blut und ihre Muskeln mit giftigem Adrenalin überschwemmt. Ihr vergiftetes Fleisch wird dann sofort von

Bakterien befallen. Im selben Augenblick, wo das Leben den Körper dieser Tiere verläßt, beginnt ihr Fleisch zu verwesen.

Adrenalin ist einer der Bestandteile unseres Verjüngungsprogramms. Wenn wir alle unsere negativen Gefühle unter Kontrolle halten, gibt das uns den notwendigen Anreiz, den wir brauchen, um mutig, stark und ausdauernd zu sein. Wenn wir unsere Gefühle ausufern lassen und sie nicht beherrschen, hilft Adrenalin uns sehr schnell dabei, unsere Jugendlichkeit zu verlieren und die Senilität zu beschleunigen. Wäre unsere Erziehung nicht sträflich vernachlässigt worden, als wir noch klein waren, und hätte man uns alles über unsere Anatomie und ihre Funktionen beigebracht, hätten wir sehr früh im Leben gelernt, daß es sich nicht lohnt, negative Gefühle zu pflegen. Wir hätten sehr anschaulich gelernt, was es bedeutet, sich der Wut hinzugeben, sich vom Zorn überwältigen zu lassen, sich ohne Sinn und Verstand und gegen alle Vernunft von Eifersucht blenden zu lassen, sich von Sorgen bedrängen zu lassen und Opfer der Angst zu werden: All das hat zur Folge, daß die Nebennieren angeregt werden und große Mengen dieses heimtückischen, giftigen, konzentrierten Adrenalins in unseren Körper abgeben.

Andererseits hätten wir auch gelernt, wie die Beherrschung all dieser Gefühle uns bis zum Ende unserer Tage dabei hilft, sowohl uns selbst als auch andere so zu verstehen, daß das Leben wirklich lebenswert wird. Wenn die Nebennieren gesund sind und einwandfrei arbeiten, geben sie genau so viel Adrenalin an das Blut ab, wie es zweckmäßig ist. In diesem Fall hebt Adrenalin den Blutdruck, während es gleichzeitig die gegenteilige Wirkung auf die Verdauungsorgane hat – es entspannt sie. Es verengt die Kapillaren der Blutgefäße, und gleichzeitig erweitert es die Bronchien. Es hat eine derart starke Wirkung auf das Herz, daß es in Notfällen direkt in das Herz von Menschen injiziert wird, die gestorben sind, so daß diese – innerhalb von drei oder vier Minuten, nachdem das Herz aufgehört hat zu schlagen – wieder zum Leben erweckt werden. Fünf Minuten nach einem Herzstillstand ist ein Mensch endgültig tot. Adrenalin erweitert außerdem die Pupillen der Augen und trägt dazu bei, das Hautpigment zu regulieren. Wenn wir all diese Funktionen in Betracht ziehen und eine mit der anderen verbinden, können wir uns leicht vorstellen, welche Kette von Ereignissen abläuft, wenn wir negativen Gefühlen nachgeben. Wut, Angst, Furcht, Eifersucht, Schrecken sind allzu deutlich sichtbar in der Erweiterung der Pupillen, dem Wechsel der Hautfarbe, dem Anstieg des Blutdrucks, ganz zu schweigen von der Frustration und Erschöpfung, die gewöhnlich folgen.

Auf der anderen Seite – und das ist die positive Seite – können die Nebennieren in sehr vielen Fällen nützlich sein und sind es auch. Zum Beispiel waren Menschen, die sich vermeintlichen Katastrophen gegenübersahen, zu Heldentaten und zu einer Selbstverteidigung fähig, die unmöglich oder übermenschlich erschienen. Dies war dem Mut zu verdanken, der diesen Menschen durch die konstruktive Tätigkeit der Nebennieren eingeflößt wurde.

Ich gebe Ihnen hier deshalb so ausführliche Informationen, weil Selbstbeherrschung und Selbstdisziplin die Folge unserer Zusammenarbeit mit den Nebennieren sind. Diese Zusammenarbeit gehört zu den Anstrengungen, die für uns am wichtigsten sind, wenn wir jünger werden wollen.

Nehmen wir das *Rauchen* als weiteres Beispiel. Die Gewohnheit des Rauchens hat in den vergangenen Jahren derart zugenommen, daß allein die Produktion von Zigaretten um 150 Milliarden Pfund – Pfund, nicht Zigaretten – zugenommen hat*. Diese Produktionszunahme ist nicht auf den Wert oder den Nutzen des Rauchens zurückzuführen, da das Rauchen weder einen Wert noch einen Nutzen für den Raucher hat. Sein Wert und sein Nutzen fließt allein den Herstellern, den Werbetreibenden und den Zwischenhändlern zu. Diese Zunahme ist die Folge der heimtückischsten, schädlichsten und gefährlichsten Werbekampagne, die sich ein menschliches Gehirn je ausgedacht hat. Ta-

---

* Inzwischen ist, nicht zuletzt dank aufklärender Bücher wie dieses, der Zigarettenkonsum in den meisten Industrieländern rückläufig.

bakrauch enthält nämlich zwei besonders giftige Reizgifte: Nikotin und Acrolein. Die Inhalation des Rauches regt zu einer übermäßigen Adrenalinsekretion an. Und es ist unmöglich, zu rauchen oder sich in einem Raum aufzuhalten, wo geraucht wird, ohne Rauch zu inhalieren.

Ist Ihnen je aufgefallen, wie »benebelt« Leute sind, die aus einem raucherfüllten Raum kommen? Wenn ich über dieses Thema mit einem Raucher diskutierte, bekam ich mehr als einmal zu hören: »*Oh, Rauchen ist nicht schädlich. Mein Vater*« (oder mein Großvater, je nach dem) »*rauchte sein Leben lang, und er wurde achtzig, neunzig und sogar hundert Jahre alt.*« Dem mußte ich entgegenhalten: »*Sie lebten so lange, obwohl sie rauchten, nicht weil sie rauchten.*«

Rauchen ist ohne Frage ein sehr umstrittenes Thema – vom Standpunkt des Rauchers. Trotzdem gibt es Aspekte des Raucherproblems, die sich auf das menschliche Verhalten sehr nachteilig auswirken.

Raucher scheinen sich nicht bewußt zu sein, wie abstoßend das Rauchen auf Nichtraucher wirkt. Sie übersehen nicht nur die gesundheitlichen Gesichtspunkte, sondern auch die Tatsache, daß man kein Tabakraucher sein kann, ohne es jedermann durch den Geruch des Atems und den Gestank des Körpers und der Kleider kundzutun. Aus diesen Düften und Gerüchen schlagen Seifen- und Deodoranthersteller Kapital. Den Körpergeruch, der aus dem Innern des Körpers kommt, kann man aber auch durch noch so viel Waschen nicht beseitigen.

Tabakgifte sammeln sich vom Mund bis in die entferntesten Spitzen der Lungen und in der Lymphe an. Die Lymphe versucht daraufhin, sie durch die Poren der Haut auszuscheiden. Haben Sie je Handtücher eines Rauchers gesehen, unmittelbar nachdem dieser ein Dampfbad verlassen hat? Sie sind gesättigt von Schweiß, der eine braune bis dunkelbraune Farbe hat. Das sind Nikotin und Acrolein, die durch den Lymphstrom in den Körper gedrungen sind und durch die Hautporen herausquellen.

Rauchen kann leicht zur Sucht werden. Es ist eine entschieden schlechte Gewohnheit, wenn man keine Rücksicht auf andere nehmen will. Tabakrauch wirkt sehr abstoßend auf diejenigen, die nicht rauchen. Haben Sie je einen Raucher sagen hören *»Ich wollte, ich könnte aufhören zu rauchen«*? Ich höre es andauernd. Erst neulich sagte eine Frau, die wir sehr gut kennen, zu mir: *»Ich wollte, ich könnte das Rauchen aufgeben, aber um ehrlich zu sein – ich genieße es.«*

Ich antworte: *»Das heißt, daß Sie weder aufhören wollen noch die ernsthafte Absicht haben. Übrigens – haben Sie eine Vorstellung davon, wie ungesund Ihr Haus riecht wegen des muffigen Tabakrauchs, der den Wänden und der ganzen Einrichtung anhaftet? Deswegen haben wir Sie in letzter Zeit nicht besucht. Und außerdem – haben Sie eine Ahnung, wie unrein Ihr Atem riecht? Selbst wenn Sie einige Stunden nicht geraucht haben, sind Ihr Atem und Ihr Körpergeruch abstoßend. Wir haben Sie sehr gern, aber keiner von uns kann diese Gerüche ertragen, die uns widerwärtig sind.«*

Einen oder zwei Tage später trafen wir sie wieder, fröhlicher, als wir sie je zuvor gesehen hatten. Sie sagte uns, sie habe *»das Rauchen für immer aufgegeben«*, sie habe in ihrem Ofen einen ganzen Karton Zigaretten verbrannt, und ihr Ehemann, der Nichtraucher war, scheine aufzublühen.

Jeder, der jünger zu werden wünscht und der auf andere Menschen Rücksicht nehmen möchte, *kann das Rauchen aufgeben, wenn sein Wunsch stark genug ist.* Fürchten oder genieren Sie sich nie, jemanden zu bitten, in Ihrem Büro, Ihrem Haus oder Ihrer Wohnung nicht zu rauchen. Ich gestatte niemandem, in meinem Auto, in meinem Haus oder in meinem Büro zu rauchen. Wenn jemandem das nicht paßt, wird es mich sehr freuen, ihn niemals wiederzusehen.

Vor kurzem sah ich mich nach einer Maschine um, deren Preis bei mehreren Tausend Dollar liegt. Ein Verkäufer besuchte mich, während ich damit beschäftigt war, mich mit einigen Leuten zu unterhalten, die einen weiten Weg gereist waren, um mich zu sehen. Ich entschuldigte mich für einen Moment und ging zu diesem Verkäufer. Er hatte genau die Maschine, die ich haben wollte, aber ich schickte ihn weg, ohne ihm auch nur die Gelegenheit zu geben, sie mir zu zeigen. Sein Atem, seine Kleider und sein Körper stanken nach Tabak. Er verlor einen Auftrag, der ihm mehrere Hundert Dollar eingebracht hätte – wegen einer gewohnheitsmäßigen Unbesonnenheit.

Ich möchte, daß Sie es recht verstehen: Ich habe keinerlei Einwendungen, wenn jemand raucht, sofern er es will und weiß, was er tut, und solange er nicht die Luft verschmutzt, die ich einatmen möchte. Es ist sein Körper, den er schädigt, und er hat ebenso das Recht, schnell alt und senil zu werden, wie ich das Recht habe, jünger zu werden.

Die Geschlechtsdrüsen

Geschlechtsdrüsen nennt man eine Gruppe von Drüsen in der Unterleibsregion, die einen starken Einfluß auf das körperliche, seelische und geistige Leben eines Menschen ausüben. Ihr Einfluß ist so deutlich, daß sie als Meilensteine dienen bei der Einteilung der Lebensabschnitte in Kindheit (wenn die Drüsen sich in der Entwicklung befinden), Reife (wenn sie das Stadium der Fruchtbarkeit erreichen) und Alter oder Senilität (wenn ihre Fortpflanzungsfähigkeit aufhört).

Die Einteilung in diese Lebensabschnitte ist zwar ganz allgemein, aber wir müssen bedenken, daß die Zivilisation die tatsächliche Dauer der menschlichen Fruchtbarkeit einschränkt. Heutzutage wird die Lebensspanne des Menschen durch das allgemeine Fehlen einer Geschlechtserziehung zuhause und nicht weniger in der Schule völlig verzerrt. Die Fortpflanzungsfähigkeit des Menschen wird durch seine Eß- und Lebensgewohnheiten einerseits und durch Zügellosigkeit und fehlende Selbstbeherrschung andererseits begrenzt und vermindert.

Wenn Männer und Frauen lernen, daß Enthaltsamkeit und Selbstkontrolle zusammen mit dem Verzicht auf denaturierte Nahrung ihnen helfen können, ihre Körper zu regenerieren und Kraft und Jugend wiederzugewinnen, dann werden sie eine wichtige Lektion über Verjüngung gelernt haben. Wenn man nur aus eigennützigen Motiven jünger werden will, so wird man normalerweise nicht mehr erreichen, als die Senilität zu beschleunigen. Nur wenn wir jünger werden wollen, um ein nützliches und intelligentes Leben zu führen, können wir echten Nutzen aus dem Wissen ziehen, das dieses Buch uns vermitteln möchte.

Vor mir liegen jetzt die Aufzeichnungen einer meiner Schülerinnen. Sie sind mehr als fünfundzwanzig Jahre alt. Sie war zu jener Zeit Mitte Vierzig und hatte eben zum ersten Mal geheiratet. Ihr Gatte war Ende Fünfzig, und sie sah fast so alt aus wie er. Sie wünschten sich ein Kind, aber ihr alter Hausarzt spottete über diese Idee. Sie sei viel zu alt, um Kinder zu haben, sagte er, und wenn sie doch schwanger werden sollte, würde sie diese Tortur nicht überleben.

Sie begann, die Grundsätze der natürlichen Gesundheitslehre* zu studieren, und setzte sie in die Praxis: und sie folgte diesen Methoden fast mit religiöser Hingabe.

Nach zwei Jahren sagte mir ihr Mann, sie sei schwanger, und er machte sich über die Folgen sehr große Sorgen. Sie erlebten die Qual des Wartens, und in der Zwischenzeit hielten sie sich strenger denn je an eine Kost aus frischen, rohen Gemüsen, Salaten und Früchten, sowie einer reichlichen Menge täglich frisch zubereiteter Säfte. Sie trank jeden Tag nicht weniger als 1 1/2 Liter Karottensaft, 1/2 Liter Karotten- und Spinatsaft, 1/2 Liter Saft aus Karotten, Rüben und Gurken sowie 1/2 Liter Saft aus Karotten, Sellerie, Petersilie und Spinat.

Am vorgesehenen Tag war der Arzt zugegen – mit einem Chirurgen und einem anderen Arzt für den Notfall. Die Frau hatte sehr wenig Schmerzen oder Beschwerden und verweigerte

* Informationen über die »natürliche Gesundheitslehre« können Sie bei der Gesellschaft für natürliche Lebenskunde e.V., Heinrich-Vogeler-Weg 8, 2862 Worpswede, erhalten.

jede Betäubung. Als sie darauf bestanden, hatte die Betäubung keinerlei Wirkung. Als das Kind geboren wurde, lief alles so leicht und natürlich ab, wie eine Geburt sein sollte, sehr zum Erstaunen der Anwesenden. Ich sah die Eltern und ihren Sohn einige Jahre später. Er war ein Prachtexemplar von Junge, strahlend und vielversprechend. Die Eltern sahen keinen Tag älter aus als an ihrem Hochzeitstag. Sie lernten, wie man jünger wird.

Die Nahrungsmittel, die den Geschlechtsdrüsen am meisten schaden, sind nicht nur Zucker, Stärke und alkoholische Getränke, sondern gewürzte und gepfefferte Nahrungsmittel.

Die Geschlechtsdrüsen arbeiten eng zusammen mit der Zirbeldrüse, der Hirnanhangdrüse, der Schilddrüse und den Nebennieren. Alle diese Drüsen sind an der Produktion von »Geschlechtshormonen« beteiligt. Durch Beherrschung des Denkens und Fühlens werden diese Drüsen zwangsläufig darauf trainiert, sexuelle Gedanken und Impulse bei Heranwachsenden und Erwachsenen zu kontrollieren.

Nur wenn wir unsere Gedanken und Gefühle durch Selbstdisziplin trainieren, können wir den Zweck, für den wir mit diesen Drüsen ausgestattet sind, wirklich verstehen und schätzen lernen. Willenskraft und Selbstkontrolle ermöglichen es uns, lüsternes Begehren in edle und erstrebenswerte Ziele zu verwandeln. Sie machen es uns möglich, den Lauf der Lebensflüssigkeit, deren Ursprung die Gehirn- und Rückenmarksflüssigkeit ist, umzuleiten in die Kanäle der sublimen Entwicklung von Tugenden, wie wir sie bei Menschen voraussetzen, die wir bewundern, ehren und schätzen.

Die Geschlechtsdrüsen spielen eine höchst bedeutsame Rolle im Verjüngungsprogramm, und sie reagieren mit erstaunlicher Bereitwilligkeit auf gedankliche Reize, aber nicht weniger auf richtige Nahrung.

Fleisch jeder Art regt die Geschlechtsorgane in ungesunder Weise an. Es überreizt das Körperliche und betont das Tierische. Ich kenne einen Mann, der sich jahrelang ganz streng an eine Rohkostdiät hielt und sich sehr in die Philosophie des Geistes und der Seele in höheren Bewußseinszuständen vertiefte. Er war ein sehr männlicher Typ, und aufgrund seiner Studien und der Anwendung dessen, was er lernte, wurde er ein hochentwickelter, spiritueller Mensch. Eines Tages traf er eine Frau, und zwischen den beiden entwickelte sich eine starke gegenseitige Anziehung.

Sie war eine gute Köchin, und bald nahm er ihre Eßgewohnheiten an – die übliche Fleisch- und stärkereiche Nahrung, die auch er in früheren Jahren gegessen hatte. Es dauerte nicht lange, bis seine geistig hochstehende Natur von seinen animalischen Trieben überwältigt wurde. Danach rechtfertigte er seinen Sinneswandel mit der Erklärung, ein Mann brauche Fleisch, um stark zu bleiben.

Nach verhältnismäßig kurzer Zeit zeigte sich dieser Wandel schon in seinem Äußeren. In den folgenden ein oder zwei Jahren verlor er all den Boden, den er in Bezug auf Energie und Vitalität gewonnen hatte, und das Alter begann ihn als sein Opfer zu zeichnen. Heute sieht er älter aus, als er ist, und als ich ihn fragte, warum er nicht zu unserer Lebensweise zurückkehre, sagte er, seine Frau halte nichts von roher Nahrung!

Es ist sinnlos, Menschen gegen ihren Willen überzeugen zu wollen. Wenn sie von den flüchtigen Vergnügungen und Reizen dieses Lebens gefangengenommen werden, ohne über deren Auswirkung auf den menschlichen Körper nachzudenken, können wir sie nur der Ernte dessen überlassen, was sie gesät haben. Eines Tages, wenn sie genug gelitten haben, werden sie vielleicht lernen, daß wir auf alles verzichten müssen, was zum Altern, zur Senilität und zur Degeneration des Körpers und des Geistes führt, wenn wir jünger werden wollen.

Die Leber

Die Leber ist eines der wichtigsten Laboratorien in unserem Körper. Jedes Nahrungsteilchen, das wir essen, und alles, was wir trinken, wird in seine Bestandteile zerlegt und vom Blut zur Leber befördert. Hier, in ihren mikroskopisch kleinen Zellen, werden die Atome und Moleküle unserer Nahrung wieder zu Stoffen zusammengefügt, die der Körper benutzt, um Zellen und Gewebe zu ersetzen, wiederaufzubauen und zu reparieren. Wenn wir täglich rohe Gemüse, Salate und Früchte essen und frische Säfte trinken, arbeitet die Leber normal. Sie setzt dann ihre Reinigungs- und Aufbauarbeit in einer durch und durch wohlausgewogenen Weise fort. Die Atome und Moleküle in ihrer neuen Form und Anordnung werden auf ihren Weg in das Blut geschickt, um an die Drüsen und an alle Teile des Körpers verteilt zu werden. Die Nebenprodukte dieser Arbeit werden nicht verschwendet. Zusammen mit den verbrauchten Zellen aus dem Blut und aus anderen Teilen des Organismus wandelt die Leber sie in Galle um. Die Galle wird in der Gallenblase gespeichert, die sie abgibt, wenn sie gebraucht wird, und das ist bei vielen Tätigkeiten und Funktionen unseres Körpers der Fall.

Gekochte und bearbeitete Nahrung überlastet die Leber. Die Atome und Moleküle in dieser Nahrung sind durch die Hitze, die beim Kochen und Verarbeiten entsteht, anorganisch geworden. Dieser anorganischen oder leblosen Materie fehlt der Magnetismus völlig, der notwendig ist, damit die körperlichen Funktionen reibungslos ablaufen. Nur lebendige, lebensspendende, organische, rohe Nahrung – Gemüse, Salate, Früchte und ihre Säfte – kann die Stoffe liefern, denen dieser Magnetismus anhaftet. Wenn die anorganischen Nahrungsmittel in die Leber gelangen, stören sie die natürlichen, sanften Abläufe in der Leber. Sie überlassen dem Körper nicht nur anorganische, leblose Atome und Moleküle, mit denen er fertigwerden muß, sondern sie bewirken auch eine unnötige Ansammlung von

Schlacken, die für die Gesundheit des Menschen gefährlich werden kann. Dies ist vor allem dann der Fall, wenn wir Getreide-, Stärke- und Fleischnahrung sowie alles, was in Fett gebraten wurde, essen. Wie wir bereits gesehen haben, können die Stärkemoleküle einen enormen Schaden im Organismus anrichten. Wenn sie die Leber durchlaufen, können sie sich in den Leberzellen verkeilen. Wenn das geschieht, ist oft genug eine Verstopfung die Folge, die sich leicht zur Leberverhärtung oder -zirrhose* entwickeln kann.

Wenn konzentriertes Eiweiß, wie zum Beispiel Fleisch, die Leber durchläuft, laufen wir außerdem Gefahr, daß die Zellen verstopft werden, was zu einer Leberentzündung oder zu einer Verstopfung und Aufblähung der Gallenwege führen kann. Fett, das übermäßig erhitzt wurde, etwa auf 36,5°C oder höher, ist für die Leber besonders schwer zu verarbeiten, wofür die Gallenbeschwerden Zeugnis ablegen, die nach dem Genuß von in Fett gekochten Nahrungsmitteln häufig auftreten. Gleichgültig, wie mager Fleisch sein mag, es enthält immer Fett. Das ist ein weiterer Grund dafür, warum die Leber nicht leicht damit fertig wird. Verfettung, überwuchertes Bindegewebe und geblähte Gallenwege sind die Folge, wenn man Fleisch und andere Nahrungsmittel ißt, die in Fett gekocht wurden.

Wenn man von einer trägen Leber spricht, meint man eine Leber, die so sehr mit Schlacken überladen ist, daß ihre Zellen Schwierigkeiten haben, ihre Arbeit zu tun. Gifte und Narkotika wie alkoholische Getränke (einschließlich Bier), Nikotin, Koffein und andere Stoffe, die den Körper zerstören würden, wenn sie ihn unkontrolliert durchlaufen, passieren die Leber so schnell wie möglich, nachdem sie in den Körper gelangt sind. Die Leberzellen neutralisieren sie bis zu einem gewissen Grad und versuchen, sie in harmlose chemische Bestandteile umzuwandeln.

Dieser Vorgang verlangt jedoch viel mehr Arbeit von der Leber, als ihr die Natur zugeteilt hat. Es ist so, als wenn man einen

*   Zirrhose oder Sklerose bedeutet Verhärtung

Die Unterleibsorgane

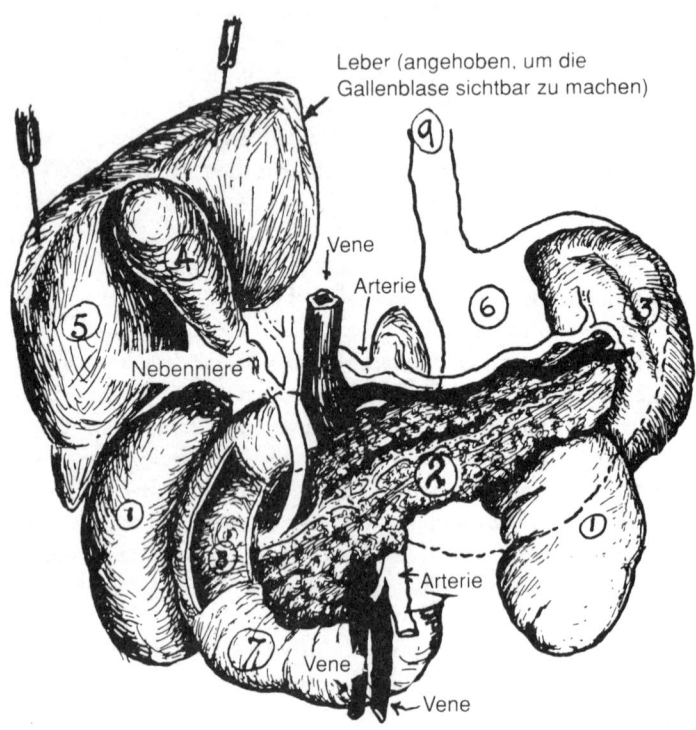

Leber (angehoben, um die Gallenblase sichtbar zu machen)

Vene

Arterie

Nebenniere

Arterie

Vene

Vene

1. rechte und linke Niere
2. Bauchspeicheldrüse
3. Milz
4. Gallenblase
5. Leber
6. Magen

7. Zwölffingerdarm
8. Gemeinsamer Ausgang
   von Bauchspeicheldrüse
   und Gallenblase
9. Speiseröhre

[Abb. 10]

144

Halbtonner mit etwa zwei Tonnen Material überlädt. Natürlich wird es der Lkw eine Zeit lang tragen, aber am Tage der Abrechnung wird der Preis für einen neuen Lkw fällig sein.

Mit unserem Körper liegen die Dinge nicht anders, aber der Tag der Abrechnung bringt ein anderes Ergebnis. Im Falle des Halbtonners platzen die Reifen, die Federn hängen durch und die Bremsen werden defekt sein. Beim Menschen werden die Füße müde, die Beine werden langsam, und der Körper beugt sich – in anderen Worten, der Mensch wird zum personifizierten Alter. Er ist allerdings nicht imstande, einen neuen Körper zu kaufen oder herzustellen, wenn er sich selbst gestattet, zu nahe an den Abgrund zu treten. Doch solange es Leben gibt, gibt es Hoffnung, vorausgesetzt, der Besitzer dieses Lebens will seinen Körper wirklich regenerieren und lernen, wie man jünger wird.

Zu mir kamen Leute, die den Wert ihres Lebens erst erkannten, als sie am Abgrund standen und man sie nur noch für ihren Sarg hätte vermessen brauchen. Es erforderte eine übermenschliche Anstrengung von ihnen, all ihre Gewohnheiten zu ändern. Aber wenn sie es taten und wenn sie sich streng an die Naturgesetze hielten, fanden sie zu einem nützlicheren und intelligenteren Leben zurück, als sie es sich je erträumt hatten.

Ein Mann hatte sein Studium mit Auszeichnung und mit geschwollener Brust beendet. Er war offensichtlich der einzige, der sich selbst und seine Arbeit schätzte. Mit Dreißig war er Verkäufer in einem Laden, mit Vierzig Gelegenheitsarbeiter, mit Fünfzig Landstreicher.

Ich nahm ihn an einem langen, einsamen Autobahnstück in Florida auf meiner Fahrt nach Miami mit. Seine Kleider, sein Körper und sein Atem stanken entsetzlich. Ich dachte, er sei über Sechzig. In der nächsten Stadt ließ er es sich widerwillig gefallen, daß ich ihm zu einer gründlichen Reinigung beim CVJM und zu einer Garnitur gebrauchter Kleider verhalf. Als wir in Fort Pierce ankamen, wo ich einen kleinen Wald besaß, schlug ich ihm eine dreimonatige Probezeit mit Darmspülungen, Rohkost und Säften vor, unter der Bedingung, daß er im Wald arbeitete und Tabak und Alkohol aufgab. Er stimmte zweifelnd zu, aber er hielt sein Versprechen und arbeitete mehr als ein Jahr für mich.

Als ich meinen dortigen Besitz verkaufte, hielt er sich weiter an mein Programm, und mit dem neuen Selbstvertrauen, das er daraus schöpfte, arbeitete er sich von einer guten Stellung zu einer besseren hoch. Ich traf ihn etwa zwölf oder vierzehn Jahre später. Ich erkannte ihn kaum noch, genauer: zuerst erkannte ich ihn überhaupt nicht. Er sah wie ein etwa Fünfunddreißigjähriger aus, voll Schwung, Elan und Gesundheit. Er nahm an einer Tagung von Pfarrern teil. Ja, er war Pfarrer geworden und widmete seine Zeit und sein Leben anderen Menschen, einschließlich der heruntergekommenen Penner, denen er zeigte, wie man jünger werden kann, wenn man den Verstand und den Willen dazu hat.

Einer der interessantesten Aspekte seiner »Regeneration« ist die Tatsache, daß Ärzte und andere Leute während der ersten vier oder fünf Jahre nach seiner Lebenswende häufig darauf bestanden, ihn ins Krankenhaus zu schicken, da die Gelbfärbung seiner Haut auf Gelbsucht hindeutete. Sein Wissen um die Reinigungsmaßnahmen der Leber verhalfen ihm zu der Erkenntnis, daß es keine Gelbsucht war, sondern daß lediglich die Schlakken aufgelöst wurden, die sich in seiner Leber angesammelt hatten. Dazu trugen der Karottensaft und die anderen Säfte bei, die er täglich trank. Ein Teil der Schlacken wurde durch die Poren der Haut aus seinem Körper entfernt. Als ich ihn zuletzt sah, war bei ihm überhaupt keine Spur mehr einer Verfärbung zu sehen. Im Gegenteil – um seine Gesichtsfarbe hätte ihn jede Frau beneiden können. Er war definitiv jünger geworden.

Die Nieren

Die Nieren sind zwei Organe oder Drüsen, die jeweils die Größe einer Faust haben. Sie sind im Rücken, an der hinteren Wand des Unterleibs, aufgehängt. Sie hängen lose in der Nähe der Wirbelsäule, gehalten von einem Band. Ihre Aufgabe ist es, das Wasser im Körper zu filtern, wenn der Blutstrom es durch sie hindurch leitet. So klein sie auch sind, so filtern sie doch etwa 20 000 Liter Flüssigkeit pro Jahr. Obwohl sie etwa 140 bis 150 Liter Flüssigkeit täglich filtern, werden nur ein bis zwei Liter als Urin durch die Blase ausgeschieden. Der Rest wird durch das Blut wieder durch den ganzen Körper befördert.

Jeder Tropfen Flüssigkeit, der in unseren Körper gelangt, muß die Nieren durchfließen, um gefiltert zu werden. Das Blut besteht zu etwa drei Fünfteln aus Wasser. Mit anderen Worten: Fast drei Liter der insgesamt viereinhalb Liter Blut im Körper sind Wasser. Gleichgültig, wieviel Flüssigkeit wir trinken, der Wassergehalt des Blutes ändert sich nie. Alles Wasser, das wir über die drei Liter hinaus trinken, die das Blut enthält, wird in den Muskeln und in der Leber gespeichert. Jedoch wird jeder Tropfen Wasser im Körper ständig durch die Nieren geleitet, um gefiltert zu werden. Unser Schöpfer wußte ganz offensichtlich, wieviel Ärger er mit unseren Bemühungen haben würde, unsere Verjüngung zu verhindern. Er machte unseren Körper und besonders die lebenswichtigen Teile unseres Körpers, so anpassungsfähig, daß wir wenigstens eine Weile, trotz unserer Fehler, weiterleben oder -existieren können.

Nehmen Sie die Nieren als ein Beispiel von vielen: Sie sind wahrhaft wunderbare Filter. Sie bestehen aus mehr als dreißig Milliarden Zellen. Diese Zellen sind in Gruppen von Kapillarknäueln zusammengefaßt. Jedes Kapillarknäuel ist nicht größer als ein Staubkorn, und doch besteht es aus etwa 15 000 Zellen. Wenn Sie sich etwas so mikroskopisch Kleines und Großartiges vorstellen können, dann können Sie begreifen, was für ein wunderbares und zartes Organ wir da haben. Es beschützt uns Tag und Nacht vor unseren sorglosen Gelüsten und Gewohnheiten, solange wir leben.

Sämtliche Medikamente und alkoholische Getränke sind äußerst schädlich für die Nieren, ungeachtet des Nutzens, den irgendein anderer Körperteil zeitweilig daraus ziehen mag. Bier ist vielleicht die schädlichste Flüssigkeit, die wir unserem Körper zuführen können. Ich habe bei Autopsien, an denen ich teilnehmen konnte, eine große Zahl von Nieren untersucht, und ich konnte die Gewohnheiten des Verstorbenen in Bezug auf Alkohol unweigerlich feststellen. Ich entdeckte, daß Bier die Nieren sehr schnell auflöst. In England, wo der Arbeiter den Konsum von Bier und »Ale« für sein Geburtsrecht hält, sind Nierenleiden die verbreitetsten Krankheiten. In den Vereinigten Staaten, wo die Brauereien mit ihrer Bierwerbung auf Kundenfang gehen, um die Uninformierten und Leichtgläubigen anzulocken, nehmen Nierenleiden täglich zu. In der kurzen Zeitspanne von nur zehn Jahren erhöhte sich die Alkoholproduktion von weniger als 1,3 Milliarden Liter auf mehr als 4,4 Milliarden Liter.

Nur wegen der gewaltigen Zahl von Zellen in den Nieren und deren wunderbarer Leistungsfähigkeit sind so viele Menschen imstande, sich durch einige zwanzig Jahre zu schleppen – trotz der schädlichen Flüssigkeiten, die sie in ihren Körper schütten.

Limonaden und Colagetränke sind fast immer mit Zucker gesüßt. Diese Zusammenstellung bewirkt die Bildung von Alkohol im Körper, und dieser muß die Nieren durchlaufen, um gefiltert zu werden. Der Schaden, der bei Kindern, Jugendlichen, jungen Erwachsenen und nicht weniger bei älteren Menschen durch den Genuß solcher Getränke entsteht, ist unglaublich. Das heimtückische an diesem Schaden ist, daß er nicht sofort offenbar wird. Er führt zu einem vorübergehenden Leistungshoch, aber das folgende Tief, Stunden oder Tage danach, wird selten, wenn überhaupt jemals, dem Genuß dieser Getränke zugeschrieben.

Die Nieren

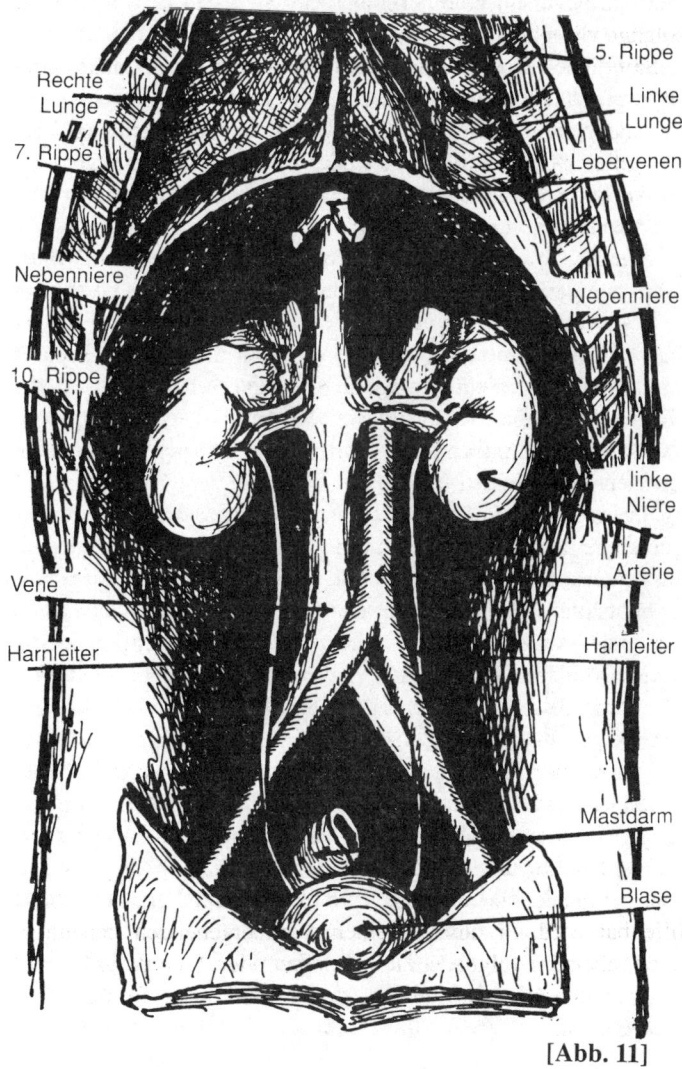

5. Rippe

Rechte
Lunge

Linke
Lunge

7. Rippe

Lebervenen

Nebenniere

Nebenniere

10. Rippe

linke
Niere

Vene

Arterie

Harnleiter

Harnleiter

Mastdarm

Blase

[Abb. 11]

Das Wasser im menschlichen Körper ist ein Element, dessen Bedeutung alle anderen Elemente, mit Ausnahme des Sauerstoffs in der Luft, übertrifft. Die Jugendlichkeit bei Männern und Frauen wird hauptsächlich vom Fluß ihrer Vitalität bestimmt. Vitalität muß ständig und frei durch den ganzen Organismus strömen. Diese Vitalität hängt ab von der Reinheit und der Flüssigkeit des Blutes und der Lymphe, und es liegt in der Natur der Sache, daß es dabei auf die Qualität des Wassers im Körper ankommt.

Wasser, das nicht ständig erneuert wird, wird abgestanden und unrein. Im Körper führt diese Stockung zu Krankheiten, und sie zeigt sich als Körpergeruch oder bleiche, fahle Gesichtsfarbe. Das bedeutet vorzeitiges Altern. Wer reichliche Mengen frischer roher Gemüse- und Fruchtsäfte trinkt, versorgt den Körper mit dem besten organischen Wasser, das es gibt. Wenn wir genügend von diesen Säften trinken, müssen wir kaum jemals Wasser trinken.

Ich selbst trinke während eines ganzen Jahres kein Wasser, außer, jeden Morgen nach dem Aufstehen, heißes Wasser mit Zitronensaft. Aber ich trinke soviel frische Gemüse- und Fruchtsäfte, wie ich eben kann. Ich finde, Zitronensaft in heißem Wasser spült die Leber und die Nieren wunderbar durch. Andererseits habe ich festgestellt, daß er, kalt getrunken, die Peristaltik des Darms anregt und häufig die frühmorgendliche Ausscheidung fördert.

Haben Sie sich je gefragt, warum so häufig so viele Leber- und Nierenpillen angepriesen werden? Das liegt daran, daß Leber- und Nierenprobleme und -leiden im Zunehmen begriffen sind – eine bekannte Tatsache. Der Grund hierfür ist einerseits der steigende Verbrauch von Getränken und Nahrungsmitteln, die diese Organe schädigen, und andererseits ungenügende Aufklärung über die vorteilhafte Wirkung frischer roher Säfte.

In meinem Buch »Frische Frucht- und Gemüsesäfte« ist das Studium und die Forschungen eines ganzen Lebens zusammengetragen worden. Sie werden darin eine Liste der nützlichsten und wirksamsten Säfte finden und die beste Methode, sie zuzubereiten. Zahllose Menschen schrieben mir, dieses Buch sei für sie ein Verjüngungsmittel gewesen, ein Mittel, mit dem sie jünger wurden.

Kapitel 20
Verstopfung

Die Hektik des modernen Lebens ist verantwortlich für das Leiden, das heutzutage am meisten um sich greift: das vorzeitige Altern. Von den Faktoren, die zur vorzeitigen Alterung bei Männern und Frauen beitragen, ist Verstopfung zweifellos der wichtigste.

Verstopfung ist die verbreitetste und »volkstümlichste« unserer Beschwerden. Das eine ist die ungenügende Ernährung der Organe, die für die Entleerung oder Beseitigung von Schlacken verantwortlich sind. Das andere ist der Umstand, daß wir nicht alles liegen und stehen lassen, sobald wir den Drang verspüren, den Darm zu entleeren. Er sollte uns eigentlich sofort zur Toilette treiben. Sehr wenige Menschen verstehen, was geschieht, wenn die Nahrung den Magen und den Dünndarm passiert hat und den Dickdarm erreicht. Eltern sind nachlässig, wenn es ihnen aufgrund eigener Unkenntnis (die aber keine Entschuldigung ist) nicht gelingt, ihren Kindern beizubringen, warum es äußerst wichtig ist, daß sie ihrer Darmentleerung sofortige Aufmerksamkeit widmen.

Ich möchte nochmals mit Nachdruck auf die Versäumnisse der Lehrer und Erzieher hinweisen, die nicht in der Lage sind, Kindern die Anatomie und die Funktionen des menschlichen Körpers beizubringen. Denken Sie daran, wie lange es gedauert hat, bis Sie zu diesem lebenswichtigen Wissen gefunden haben. Unter Tausenden von Röntgenaufnahmen des Dickdarms verschiedener Menschen – Männer, Frauen und Kinder – habe ich nur wenige gesehen, die einen normalen Darmverlauf hatten: Es waren Kinder, deren Mütter mein Kost- und Ausscheidungsprogramm befolgt hatten, schon bevor die Kinder geboren wurden, und die diesen Weg dann mit ihnen weitergegangen waren.

Im Laufe von vierzig oder fünfzig Jahren kann man eine gewaltige Menge an Informationen und Fakten sammeln. Ich habe mehr Röntgenbilder von Dickdärmen gesammelt, als man an die Wände und Decken eines Hauses kleben kann. Die ständig wiederkehrenden Umrisse verschiedener Teile des Darmes bei gleichartigen Beschwerden gehörten zu den erstaunlichsten Erfahrungen meiner Studien (s. a. Schaubild »Dickdarmtherapie«).

Was wir essen und trinken, erhält oder zerstört unseren Körper. Wenn Sie jünger werden wollen, achten Sie darauf, was in Ihrem Inneren vorgeht! Ich habe die mehr oder weniger normalen Umrißlinien eines wirklich gesunden Dickdarms skizziert. Schauen Sie sich die Skizzen auf den folgenden Seiten sorgfältig an. Beachten Sie die Namen der verschiedenen Körperteile, der Drüsen und der Beschwerden mit den Pfeilen, die auf die Stellen des Darmes zeigen, mit denen sie in Beziehung stehen.

Wenden Sie sich nun dem Bild eines Darmes auf Seite 158 zu und beachten Sie, wie geschwächt und verzerrt dieser Darm im Vergleich zu einem normalen Darm ist. Betrachten Sie jetzt die nächste Zeichnung, Seite 159, und beachten Sie, wozu es meistens führt, wenn sich Schlacken jahrelang im aufsteigenden Dickdarm ansammeln können.

Wenn Sie aus irgendeinem Grund bezweifeln, daß diese Bilder zutreffen, schlage ich Ihnen vor, zu einem angesehenen und verläßlichen Arzt zu gehen und von Ihrem eigenen Dickdarm eine Röntgenaufnahme machen zu lassen. Wenn ein Mensch meist gekochte Nahrung ißt und von der Nahrung lebt, die in den meisten Haushalten und Restaurants serviert wird, kann sein Dickdarm unmöglich leistungsfähig sein, selbst wenn er zwei- oder dreimal am Tag Stuhlgang haben sollte. Statt den

Das Verdauungssystem

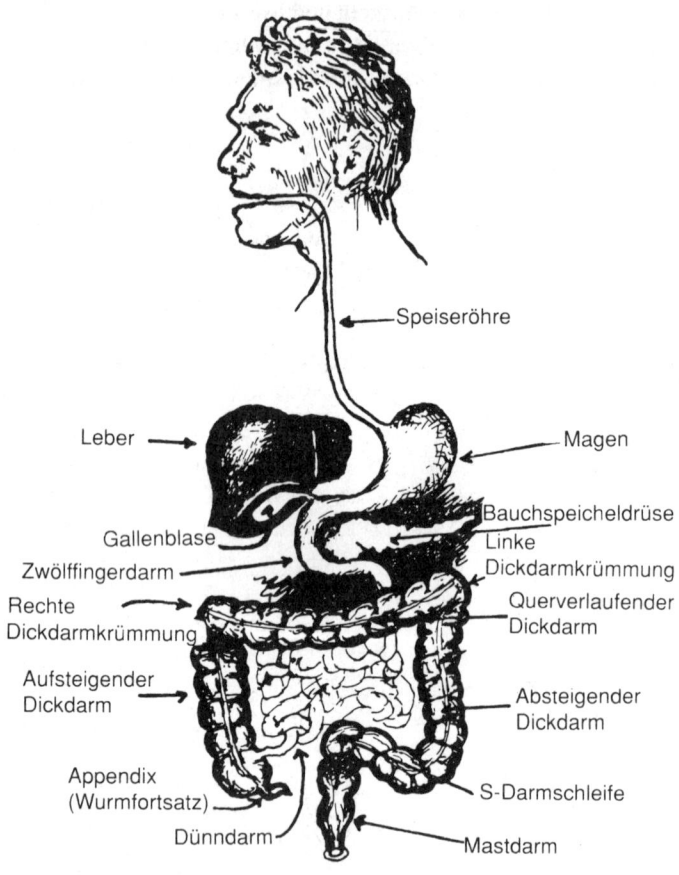

[Abb. 12]

Der Darm

Schließmuskeln und Darmtaschen
und ihre Wechselbeziehung
mit anderen Körperteilen und Krankheitszuständen

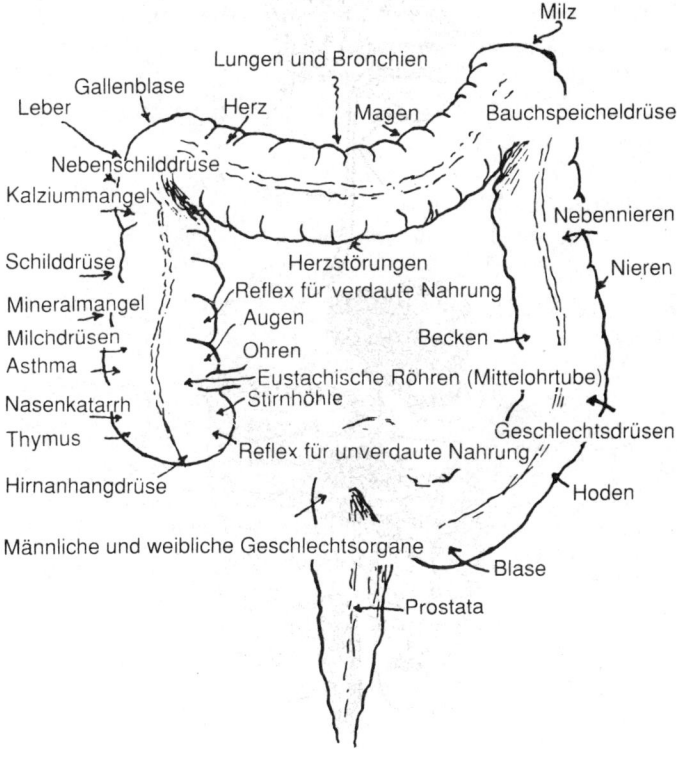

[Abb. 13]

Nerven und Muskeln, Zellen und Geweben der Darmwände Nahrung zu liefern, führen gekochte Nahrungsmittel dazu, daß der Dickdarm hungert. Ein hungernder Dickdarm läßt vielleicht eine Menge Fäkalmasse durch, aber er ist unfähig, die Verdauungs- und Ernährungsvorgänge zu bewältigen, für die er vorgesehen ist.

Der massige Speisebrei, der für die richtige und vollständige Verdauung unserer Nahrung so wichtig ist, wird im Dickdarm ebenso benötigt wie im Dünndarm. Dieser Brei muß sich jedoch aus den Fasern roher Nahrung zusammensetzen. Wenn sich diese Fasern durch den Darm bewegen, werden sie, bildlich gesprochen, hochmagnetisch, und in diesem Zustand sind sie sehr nützlich für die Peristaltik, die wellenförmigen Darmbewegungen, und für die Prozesse und Funktionen, die in den verschiedenen Teilen des Darmes ablaufen. Wenn die Nahrung dagegen gekocht wird, werden diese Fasern völlig entmagnetisiert, und in diesem Zustand haben sie wenig oder gar keinen Wert mehr, wenn sie den Körper passieren.

Schließlich – das hat die Erfahrung gezeigt – läßt diese Nahrung einen Schleimüberzug auf den inneren Dickdarmwänden zurück, wie ein Verputz an der Zimmerwand. Im Laufe der Zeit kann dieser Überzug allmählich dicker werden, bis nur noch eine kleine Öffnung in der Mitte übrig ist. Wenn dies geschieht, weiß das Opfer vielleicht überhaupt nichts davon und entleert aus seinem Darm zwei- oder dreimal am Tag unbekümmert reichliche Mengen Stuhl. Der Betreffende weiß nicht, daß er bereits chronisch verstopft ist, da die so entleerte Masse viel unverdaute Nahrung enthalten kann, aus der er wenig oder keinen Nutzen zieht. Früher oder später ist sein Zusammenbruch so gut wie sicher, und er stirbt vielleicht in der Illusion, seine Ausscheidung sei »normal« gewesen, ohne zu erkennen, daß chronische Verstopfung zu seinem Tod beigetragen hat.

Die bekanntere Art von Verstopfung ist die, die sich in verlangsamtem oder sogar fehlendem Stuhlgang zeigt. Diese Ver-

156

stopfung ist so verbreitet, daß an jedem Tag unseres Lebens Abführmittel durch Zeitungen, Radio und Fernsehen angepriesen werden. Erst neulich brachte eine Firma unter enormen Kosten eine ganzseitige Anzeige in die Zeitungen, die unter der Schlagzeile *»Wie man wieder leben lernt«* ein Abführmittel anpries. Menschen, die an Verstopfung leiden, wollen gewöhnlich nicht für sich selbst denken und springen von einem »Heilmittel« zum anderen.

Die Frau, deren Röntgenaufnahme auf Seite 158 wiedergegeben wird, dachte, ihr Dickdarm sei in Ordnung und sie sei nicht verstopft, da sie fast jeden Tag dreimal »normalen« Stuhlgang hatte. Dieser Dickdarm ist aber in einem sehr ernsten Zustand. Betrachten Sie die Masse im Querschnitt, wo der Dickdarm aufgeschnitten wurde und wo nur eine kleine Öffnung in der Mitte der dicken schwarzen Wand zu sehen ist – die Ansammlung von mehr als zwanzig Jahren!

Dies ist das Ergebnis, wenn man zuviel Gekochtes ißt, vor allem stärkereiche Nahrung (Brot, Getreide, Kuchen usw.). Der Dickdarm ist stark verstopft und kann keine Nahrung mehr aufschließen. Um jünger werden zu können, muß der Dickdarm sauber (gesund) sein und mit lebendiger, lebensspendender Nahrung ernährt werden. Rohkost ist die beste organische Nahrung für ihn.

Die Hersteller von *Abführmitteln* verbreiten immer wieder das Märchen, *Darmspülungen* seien aus dem einen oder anderen phantastischen Grund schädlich und führten zur Abhängigkeit.

Diese Behauptung ist jedoch völlig falsch und entspricht nicht den Tatsachen. Vielmehr habe ich ohne Ausnahme festgestellt, daß es die Anwendung von Abführmitteln ist, die abhängig macht und für die Darmschleimhaut schädlich ist.

Wenn sich Schlacken im Dickdarm angesammelt haben und der Darm sich nicht auf natürliche Weise entleert, gibt es zwei Möglichkeiten: Entweder ist der Durchgang ganz verstopft,

Abnormaler Dickdarm

einer 36jährigen Frau nach einer Röntgenaufnahme des Dickdarms. Die Patientin war eine typische Fleisch- und Stärkeesserin. Dieser Dickdarm ist mehr oder weniger charakteristisch für Menschen, die gekochte Mischkost essen und die als »normal« angesehenen Mengen an Fleisch und Stärke verzehren.

Störungen der:

Lebervergrößerung

Magenbeschwerden

Bauchspeicheldrüse

Herzbeschwerden

Nebennieren

Aufsteigender Dickdarm

Niedriger Blutdruck

Sehfehler

Querverlaufender Dickdarm

Nieren

Verdauungs-störungen

Absteigender Dickdarm

Stirnhöhlen

Bandwurm

Ernste Blasen-beschwerden

Menstruations-beschwerden

Mastdarm

[Abb. 14]

Ergebnisse der Urinanalyse: Harnstoff aus den Nieren: 3,1 g pro 1000 ccm (Norm: 30–35 g). Oxalsäurekristalle: Nicht zählbar, da zu zahlreich. (Anzeichen für Verzehr von gekochtem Spinat oder Rhabarber. Roher Spinat hinterläßt diesen kristallinen Rückstand nicht.) Feste Stoffe insgesamt: 80,6 g pro 1000 ccm (Norm: 40–50 g, Anzeichen für Nierenunterfunktion aufgrund des Konsums von Bier, Wein und anderen alkoholischen Getränken). Stuhluntersuchung (Anzeichen für viele Stärkekörner, Gram-positiv: 20% (Norm: 35%). Gram-negativ: 80% (Norm 65%). Bacillus Acidophilus: Nicht feststellbar. Bacillus Coli: Zahlreich.

Schwer geschädigter Dickdarm

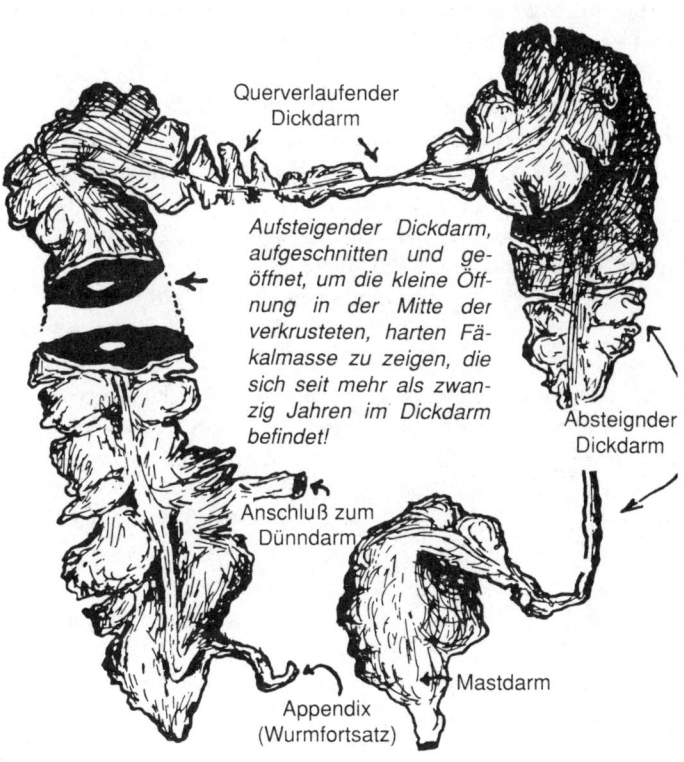

Querverlaufender
Dickdarm

Aufsteigender Dickdarm, aufgeschnitten und geöffnet, um die kleine Öffnung in der Mitte der verkrusteten, harten Fäkalmasse zu zeigen, die sich seit mehr als zwanzig Jahren im Dickdarm befindet!

Absteignder
Dickdarm

Anschluß zum
Dünndarm

Mastdarm

Appendix
(Wurmfortsatz)

[Abb. 15]

oder die Wände sind so schlaff, schwach und unfähig, daß sich Schlingen bilden oder daß der Darm abknickt und den freien Durchgang des Stuhls behindert.

Was geschieht, wenn ein Abführmittel in den Dickdarm gelangt? Es bewirkt keine Rückkehr der Peristaltik, sondern es reizt die Nerven und Muskeln im Dickdarm. Diese werden zu einem Schüttelkrampf gepeitscht, der den Reizstoff auszuscheiden versucht, und auf diese Weise wird natürlich ein Teil des Stuhls mit ausgestoßen. Wenn die Peristaltik fehlt, versagt oder stilliegt, kann nur ein Reizstoff solch einen Schüttelkrampf im Dickdarm verursachen. Darum rechne ich nicht damit, irgendein Abführmittel zu finden, das keinen Reizstoff enthält, ungeachtet aller gegenteiligen Behauptungen.

Wenn ich nur wenige Darmspülungen mit zufriedenstellenden Ergebnissen gesehen hätte, wäre es gerechtfertigt, wenn ich mein Urteil über Ihre Wirksamkeit zurückhielte. Da ich aber buchstäblich Tausende gesehen habe, die alle zu Ergebnissen führten, die mit keinem Abführmittel erreicht werden konnten, muß ich zugeben, daß ich immer verblüfft bin, wenn jemand ihren Wert oder ihre Wirksamkeit bestreitet. Schon vor langer Zeit bin ich zu dem Schluß gekommen, daß keine Behandlung eines Gebrechens oder einer Krankheit Erfolg haben kann, wenn die Schlacken nicht aus dem Darm gespült werden, und zwar durch Darmspülungen oder, wenn dies nicht möglich ist, durch Einläufe.

Natürlich gibt es die unterschiedlichsten Methoden und Anwendungsarten bei Darmspülungen. Wer sie verabreicht, sollte sich in der Anatomie und vor allem in den Besonderheiten auskennen, die in den zahllosen unterschiedlichen Dickdärmen angetroffen werden können. Ich habe festgestellt, daß man keinerlei anorganische Substanzen in das Wasser geben sollte. Falls erforderlich, würde ich durchgeseihten Zitronensaft verwenden, der die übermäßige Säure neutralisieren hilft, die häufig in der festgekeilten Fäkalmasse im Dickdarm enthalten ist.

Es gibt einen Unterschied zwischen der übermäßigen Säure des Dickdarminhaltes und dem Säure-Basen-Gleichgewicht im ganzen Körper. *Dr. med. D. C. Jarvis* hat unbezahlbare Forschungsarbeit auf diesem Gebiet geleistet, die nach meinen Feststellungen zusammen mit frischen rohen Säften von unschätzbarem Wert bei der Erreichung und Bewahrung eines Höchstmaßes an Gesundheit und Energie ist. Er empfiehlt – und ich finde das sehr nützlich –, täglich eine Mischung von zwei Teelöffel Apfelessig und zwei Teelöffel Honig in einem Glas Wasser zu trinken.

Eine gute Darmspülung dauert durchschnittlich eine dreiviertel bis eine Stunde. Fast jedes Gerät macht seine Arbeit gut genug, natürlich immer unter der Voraussetzung, daß der Helfer sein Handwerk versteht.

Ich habe festgestellt, daß eine Röntgenaufnahme für den Helfer von unschätzbarem Wert ist. Sie hilft einem sehr, da sie den Schlüssel liefert für die wirksamste Behandlungsart. Außerdem kann man nach dem Studium der Röntgenaufnahme selbst herausfinden, welches die wichtigsten Funktionsstörungen sind, die beseitigt werden müssen.

Wenn Sie Ihre eigene Röntgenaufnahme studieren, werden Sie vielleicht bemerken, daß sie einige phantastische Verzerrungen enthält. Regen Sie sich darüber nicht auf. Fast jeder hat sie. Studieren Sie sie einfach unter dem Gesichtspunkt, daß es viele Jahre gebraucht hat, bis diese Gestalt und dieser Zustand entstand. Daher können Sie nicht erwarten, sie in 24 Stunden oder selbst in einem Jahr zu beseitigen. Machen Sie sich klar, daß Sie jünger werden möchten, daß Sie lange und hart arbeiten müssen, um dieses Ziel zu erreichen, und daß Ihnen die Streckung und Verbesserung Ihres Dickdarms eine eine richtige Ernährung dabei helfen wird.

Man müßte ganze Bücher schreiben, um das Thema »Verstopfung, ihre Ursachen und wie man sie heilt«, abschließend zu behandeln. Ich habe hier nicht den Platz zur Verfügung, um diesem lebenswichtigen und höchst bedeutsamen Thema gerecht zu werden. Es gibt aber viele Aspekte, die erörtert werden müssen, obwohl ich vielleicht nicht mehr tue, als das Wesentliche zu streifen.

Man kann nie sicher sein, daß man keine Verstopfung hat, sogar dann nicht, wenn man täglich mehrere Male Stuhlgang hat. Ich möchte Ihnen gerne die Aufzeichnungen über eine junge Frau Ende Zwanzig geben, die hier vor mir liegen. Sie litt regelmäßig jeden Monat unter epileptischen Anfällen, zum ersten Mal, als ihre Menstruation begann. Damals war sie Dreizehn. Keine herkömmliche Behandlung wirkte, und kein Krankenhaus und keine Klinik brachte ihr die geringste Erleichterung. Ihre Familie brachte sie zu mir, und ich empfahl, sie zu einem Naturarzt zu bringen, um eine Reihe von Darmspülungen machen zu lassen.

Der Arzt schlug vor, sie solle jeden Tag eine Darmspülung erhalten, sechsmal in der Woche und das ganze fünf oder sechs Wochen lang. Ihre Familie weigerte sich zunächst mit der Begründung, die junge Frau habe keine Verstopfung, sondern ihre Ausscheidung sei im Gegenteil sehr regelmäßig. Als jedoch zum ersten Mal in ihrem Leben eine Röntgenaufnahme ihres Dickdarms gemacht wurde, konnte ich viele Störungen sehen, eine davon waren Würmer, die allem Anschein nach vorhanden waren.

Sie begann mit den Darmspülungen. Täglich erschien durch das Sichtglas des Spülrohrs nicht viel mehr als etwas Stuhl und einige Schleimstränge, bis der Vater und der Rest der Familie nach der zweiten oder dritten Woche allmählich den Verdacht hatten, daß an dieser Methode nichts dran sei außer dem Geld, daß er zahlte. Ich überzeugte ihn davon, daß die Darmspülungen während des vereinbarten Zeitraums fortgesetzt werden sollten, und er stimmte zu.

Eines Tages, während der fünften Woche, setzte sich die junge Frau plötzlich aufrecht auf den Tisch, und in ein oder zwei

Minuten ging eine Masse von Würmern so groß wie meine Faust ab. Während der nächsten paar Tage gingen einige weitere Würmer ab, und sie begann zu spüren, daß sie – wie sie es ausdrückte – »aus dem Schlimmsten heraus« sei. Die täglichen Darmspülungen wurden dann nicht mehr fortgesetzt, aber sie erhielt danach noch mehrere Wochen lang eine Spülung wöchentlich.

Ihre epileptischen Anfälle verschwanden nach der Ausscheidung der Würmer vollständig, und als ich sie vor einem oder zwei Jahren wiedersah, zehn oder zwölf Jahre nach unserer ersten Begegnung, hatte sie keine Rückfälle gehabt, und sie sah keinen Tag älter aus als bei unserem ersten Treffen. Natürlich hatte sie während dieser ganzen Zeit mein Rohkost- und Saftprogramm befolgt.

Ein anderes Beispiel ist das eines jungen Mannes, der aus der Armee entlassen wurde. Vor seiner Einberufung hatte er regelmäßig Stuhlgang gehabt, und er hatte soviel Kraft und Energie, daß er nicht wußte, wohin damit. Nach den Injektionen und Impfungen, die er aufgrund der Gesundheitsvorschriften der Armee erhielt, wurde sein Stuhlgang sehr unregelmäßig, und er verlor allmählich seine Energie und seinen Ehrgeiz. Er verlor an Gewicht, ungeachtet der Tatsache, daß er einen gewaltigen, unersättlichen Appetit entwickelt hatte, den er anscheinend nie befriedigen konnte.

Er bekam eine Reihe von Darmspülungen, nachdem ihm das Röntgenbild seines Dickdarms erklärt worden war. Er bekam eine Spülung täglich, und nach drei Wochen gingen ein riesiger Bandwurm und eine Masse kleinerer Würmer ab. Danach verspürte er etwa eine Woche lang eine sehr starke Übelkeit, aber die Gemüse- und Fruchtsäfte brachten seinen Appetit bald zurück und mit ihm viel Kraft und Energie.

Eine der Gefahren, die entstehen, wenn wir die Ansammlung von Schlacken im Dickdarm zulassen, ist, als Folge der Verwesung, die Absorption von Giften, hauptsächlich während wir schlafen. Carbolsäure ist eines davon, Indol ein anderes. Diese beiden sind vielleicht die gefährlichsten, da sie erst einmal zu Kopfschmerzen und Mattigkeit führen und schließlich zu Gallenleiden, Darmlähmung und Bauchfellentzündung. Eine mangelhafte Salzsäureproduktion im Magen ist ebenfalls ein Zustand, der vom Indol herrührt.

Sie können leicht verstehen, warum diese Krankheitszustände so gut auf Darmspülungen als Teil der Heilbehandlung reagieren. Der Dickdarm hat nicht allein die Aufgabe, Schlacken aus dem Körper zu befördern. Der erste Teil, der aufsteigende Dickdarm, muß die Flüssigkeit und die Wirkstoffe absorbieren, die der Dünndarm nicht aufnehmen konnte. Zu diesem Zweck verfestigt er die Masse, die er vom Dünndarm erhält, und befördert die Flüssigkeit und andere Stoffe durch seine Wände in das Blut.

Wenn der restliche Darminhalt die Leberkrümmung (rechte Dickdarmkrümmung) erreicht – den obersten Teil des aufsteigenden Dickdarms –, wird er noch etwas dichter und gelangt in den querverlaufenden Dickdarm. Nach einer weiteren ähnlichen Behandlung dort wird er schließlich zu Stuhl und ist bereit zur Ausscheidung durch den absteigenden Dickdarm.

Sobald die Wände des absteigenden Dickdarms mit Schleim verklebt sind, können sie ganz offensichtlich die Nahrung, die wir essen, nicht abschließend verarbeiten. Die logische Folge ist ein Hungerzustand, dessen wir uns nicht bewußt sind, der aber dafür sorgt, daß Alter und Senilität mit Vollgas auf uns zurasen. Ein verkrusteter aufsteigender Dickdarm ist daher eine eindeutige Ursache für Verstopfung.

Aber er kann auch gleichzeitig zur Ursache für chronischen Durchfall werden. Das hört sich wie ein Widerspruch an, aber ich will Ihnen nur ein Beispiel von mehreren geben, die ich selbst beobachtet habe. Es ist der Fall einer Frau, die seit sechs oder sieben Jahren an sehr schwerem Durchfall litt, ohne daß ihr jemand helfen konnte. Sie hatte auch Probleme mit Harnverhaltung. Viel zu oft verspürte sie Harndrang, aber sie konnte jedesmal nur wenige Tropfen entleeren. Sie ließ Medikamente, Arzneien und Injektionen über sich ergehen, jedesmal, wenn man ihr sagte, sie würden ihr helfen – aber vergeblich. Sie bekam genügend Spritzen, um ein Rhinozeros zu töten, und jede machte sie noch kränker als zuvor.

Sie konsultierte einen mit mir befreundeten Arzt, der mich um meine Stellungnahme bat. Ihrem Aussehen nach glaubte ich, sie müsse etwa fünfundfünfzig oder sechzig Jahre alt sein, aber ihr Krankenblatt gab ihr Alter mit Zweiundvierzig an.

Sobald ich sie sah, sagte ich meinem Freund, an seiner Stelle würde ich sofort damit beginnen, ihr Darmspülungen zu verabreichen. Sowohl er als auch seine Patientin lachten über den bloßen Gedanken an eine solche Prozedur. Wir machten jedoch eine Röntgenaufnahme, die meinen Verdacht bestätigte, und schließlich willigte er ein, einige Spülungen zu versuchen, obwohl er immer noch der Ansicht war, eine Darmspülung habe ihren Sinn bei Verstopfung und nicht bei einem so reichlichen Ausfluß. Nach weniger als sechs Darmspülungen schied sie etwa vierzehn Pfund alte Fäkalmasse aus. Dann ließ ihr Durchfall allmählich nach, und die Beseitigung der Fäkalkruste, die den Dickdarm gegen die Blase gedrückt hatte, erlaubte jetzt einen normalen Abfluß des Urins. Unnötig zu sagen, daß der größte Teil der Anstrengung, der ihr Gesicht so alt aussehen ließ, verschwand, und nicht lange danach sah sie wieder wie eine 42jährige aus.

Ich versäume keine Gelegenheit zu betonen, daß wir den Zustand unseres Dickdarms erst definitiv kennen müssen, so wie ihn die Umrißlinien von zwei oder mehr Röntgenbildern anzeigen, bevor wir uns eine Selbsttäuschung erlauben und »glauben« dürfen, er sei in Ordnung. Mehrere Darmentleerungen am Tag sind kein zuverlässiger Hinweis, daß alles in Ordnung ist, wenn wir gekochte oder verarbeitete Nahrungsmittel essen. Selbst wenn Sie mein Programm befolgen, können Sie es sich nicht leisten, die Möglichkeit zu übersehen, daß die Ausscheidung von Schlacken unzureichend ist.

Wir leben in einem zu schnellen Tempo, um uns auf Wunschdenken verlassen zu können. Allein die Geschwindigkeit des heutigen Lebens mit all den damit verbundenen Zivilisationsproblemen trägt zum vorzeitigen Altern bei. Darum müssen wir ständig auf uns achtgeben, wenn wir jung bleiben wollen.

Nicht zu unterschätzen ist das mit dem Zustand des Dickdarms verbundene Problem der *Gasbildung*. Auch hierbei werden wir von Konventionen und Anstandsregeln gehemmt, die uns zwingen, giftige Gase zurückzuhalten und wieder zu absorbieren, obwohl sie im selben Moment, wo wir den Drang dazu verspüren, abgelassen werden sollten.

Natürlich ist das weder möglich noch anständig, wenn Leute um uns herumstehen. Die Anwendung von Klistieren hat sich jedoch als sehr hilfreich erwiesen, die Entwicklung von Gas zu reduzieren. Durch Beobachtung können wir oft lernen, welche Nahrungsmittel mehr Blähungen erzeugen als andere, und wenn wir sie für eine Weile meiden, können wir die Gasbildung oft auf ein Minimum beschränken.

Vielleicht sind Sie am Fall einer Frau interessiert, deren Alter ich auf etwa fünfzig Jahre schätze, obgleich sie wohl nicht älter als vierzig war. Ich fragte sie nie nach ihrem Alter, aber sie hatte einen Sohn, der achtzehn Jahre alt war. Sie hatte eine Menge Beschwerden im Unterleib. Gewöhnlich war sie so aufgedunsen, daß ihre Haut zu platzen schien. Die Ärzte, zu denen sie ging, wollten sie »anstechen«, um das zu entfernen, was sie für Wasser hielten. Sie hatte regelmäßig Stuhlgang – jeden zweiten Tag.

Niemand hatte ihr je geraten, Klistiere oder Darmspülungen anzuwenden. Sie war äußerst nervös und befand sich ständig am Rande der Hysterie. Als ihr dringend nahegelegt wurde, ein oder zwei Wochen lang täglich Darmspülungen zu machen, schied sie literweise festen, harten, übelriechenden Stuhl aus, der sich allem Anschein nach zwanzig Jahre oder länger in ihrem Körper angesammelt hatte. Ich untersuchte einige dieser Stücke unter dem Mikroskop und zählte Millionen von gasbildenden Bakterien. Während der ersten zwei Wochen mit Darmspülungen schied sie große Mengen Gas aus, zusätzlich zu mehr als sieben Litern dieser harten alten Stuhlmasse.

Ich bin fest davon überzeugt, daß *stärkereiche Nahrung* der größte Freund eines verstopften Dickdarmes ist. Stärke ist der beste Nährboden für die Vermehrung gasbildender Bakterien. Wenn ich große Mengen Gas in meinem Körper erzeugen wollte, würde ich mit etwas Toast (aus weißem Vollkornweizen, Soja oder dergleichen) oder heißem Gebäck zum Frühstück beginnen; zu Mittag gäbe es Pfannkuchen und Kaffee und zum Abendessen Nudeln, Spaghetti, Kuchen usw. Ich weiß, daß ich von dieser Nahrung auch eine schöne Verstopfung bekäme. Außerdem weiß ich genau, daß ich dann nicht mehr erwarten könnte, mit einer solchen Nahrung jünger zu werden.

Bei einer meiner Vorlesungen hörte eine kleine alte Dame zu, wie ich mich gegen stärkereiche Nahrung – Toast und alles ähnliche – ausließ. In der Fragestunde stand sie auf und sagte stolz: *»Ich toaste mein Brot im Ofen, bis es durch und durch trocken und hart ist. Ist das nicht viel besser?«* Ich antwortete: *»Verehrte Dame, beides ist nicht gut für Sie. Wenn Sie aber aus Ihrem Brot Toast machen und es aus dem Fenster werfen, wird es viel weiter fliegen als eine Scheibe Brot.«* Brot ist ein totes lebloses Nahrungsmittel. Wenn man es toastet, und sei es noch so gründlich, macht man es nur noch toter. Wenn Sie das Herannahen des Alters beschleunigen wollen, dann verwenden Sie tote, leblose Nahrung. *Wollen Sie jünger werden, dann essen Sie Nahrung, die roh, lebendig und nahrhaft ist.*

Es gibt einen ganz wichtigen Unterschied zwischen einem Klistier und einer Darmspülung. Es ist praktisch unmöglich, den Dickdarm vollständig mit einem Klistier auszuwaschen. Dagegen wird eine Darmspülung verabreicht, während der Patient mehr oder weniger entspannt auf dem Tisch liegt und der Helfer die ganze Arbeit macht.

Das durchschnittliche *Klistier* verabreicht etwa einen Liter Wasser. Wenn dieses eingeführt und ausgeschieden wurde, kann man selbstverständlich nachfüllen, sooft man will oder sooft es nötig ist. Das erfordert Aufstehen, Hinsetzen und Umhergehen, was unter diesen Umständen recht nützlich ist.

Eine Darmspülung versetzt den Helfer in die Lage, gerade so viel Wasser einzuführen, wie man braucht, um jeden Teil des Dickdarms auszuwaschen, und wechselnd das Wasser austreten zu lassen und mehr einzuführen, ohne jede Anstrengung für den Patienten. Auf diese Weise kann der Helfer viele Liter Wasser verwenden, wobei er natürlich nur etwa einen Liter gleichzeitig einführt, in einer ununterbrochenen Behandlung über eine dreiviertel bis zu einer vollen Stunde.

Im Klistier bleibt die Wassertemperatur bei jedem Füllen oder erneuten Nachfüllen des Behälters unverändert, während der Helfer bei der Darmspülung die Temperatur jederzeit nach Belieben kontrollieren kann und somit Wirkungen erzielt, die nur durch einen Wechsel der Wassertemperatur zu erzielen sind.

Dennoch halte ich ein Klistier für wichtiger als selbst eine Zahnbürste, sei es zuhause oder auf einer Reise. Es kommt auch oft vor, daß eine Darmspülung weder zweckmäßig noch möglich ist, aber ein Klistier ist zu jeder Zeit nützlich.

Wenn Sie eine Vorstellung vom Wert eines Klistiers haben möchten, schauen oder hören Sie einfach auf die Anpreisungen von Heilmitteln für Kopfschmerzen, Erschöpfung, Rückenschmerzen. Nehmen Sie Klistiere statt der angepriesenen Brausetabletten oder Pillen. Dann haben Sie ein *natürliches Heilmittel*, um der Situation abzuhelfen, und nicht etwas, was garantiert die Nerven zeitweilig abstumpft, betäubt oder abtötet, um nachfolgende Probleme nicht zu erwähnen. In Extremfällen mag jedes Heilmittel besser sein als eine längere Leidenszeit, aber selbst unter diesen Umständen finde ich Klistiere wertvoll.

Wenn man ein Klistier verabreicht, ist es meiner Erfahrung nach am besten, ein mittelgroßes, weiches und geschmeidiges Rektalrohr zu benutzen, etwa mit dem Durchmesser eines Bleistifts, 75 cm lang, nicht das kurze, harte schwarze Gummirohr. Dadurch ist es möglich, das Wasser über den Mastdarm und den unteren Teil des absteigenden Dickdarms hinauszubringen. Der Klistierbeutel oder -behälter sollte etwa zwei Liter lauwarmes Wasser enthalten, weder heiß noch kalt, dem der durchgeseihte Saft von zwei Zitronen zugefügt wurde. Der Beutel oder der Behälter sollte in passender Höhe hängen, um den freien Fluß des Wassers zu ermöglichen. Manche Leute haben ihn gerne so hoch wie möglich, damit das Wasser kräftiger fließt, während andere es vorziehen, ihn 90 oder 120 cm über dem Boden anzubringen. Ein wenig Übung wird schnell klären, was am bequemsten ist.

Das Rektalrohr, das vorher mit einem gläsernen Verbindungsrohr oder einer harten Gummispitze mit dem Ende des langen Gummischlauches am Beutel oder am Behälter verbunden wird, sollte mit einem pflanzlichen Gleitmittel versehen werden, das in jeder Apotheke erhältlich ist, bevor man das Klistier verabreicht. Man sollte das Rektalrohr genügend einschmieren, um es rings herum und in seiner ganzen Länge schlüpfrig zu machen. Es ist außerdem nützlich, etwas Gleitmittel am Anus, dem Mastdarmausgang, aufzutragen, damit das Rohr leichter eindringen kann. Gleitmittel auf Mineralölbasis* empfehle ich nicht.

Jetzt sind wir bereit, weiterzumachen. Wir knien auf eine Decke oder ein Handtuch, wie es auf der nächsten Seite gezeigt wird. Wir führen das Rektalrohr zu Beginn nicht weiter als fünf bis sieben Zentimeter ein und drehen dann den Wasserhahn auf. Während das Wasser in den Körper zu fließen beginnt, führen wir das Rohr langsam und allmählich, Zentimeter um Zentimeter, in seiner vollen Länge ein. Manchmal werden nicht mehr als einige Zentimeter bequem hineingehen. In diesem Fall

* Empfehlenswert ist Katheterpurin, das in deutschen Apotheken erhältlich ist, oder eine 0,5%ige, wässrige Natrium-Carboxy-Methylcellulose-Lösung.

Knieposition für eine Darmspülung

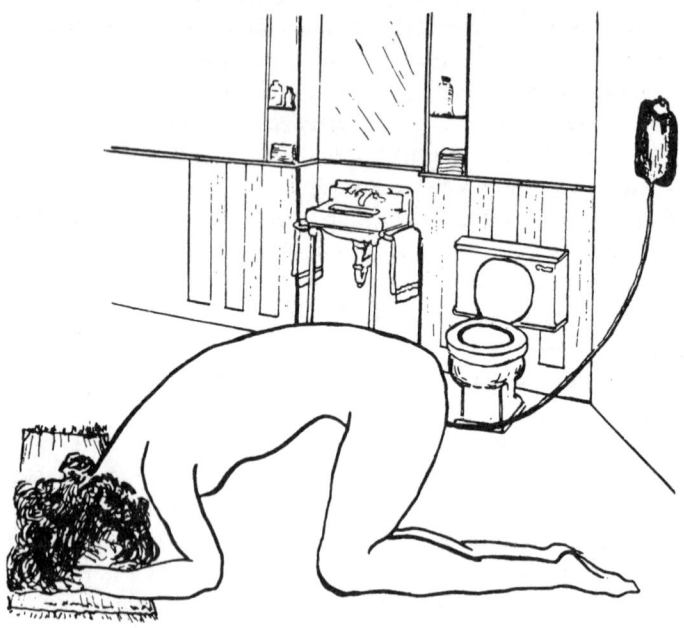

[Abb. 16]

Nehmen Sie ein bleistiftdickes Rektalrohr, damit das Wasser direkt in den Dickdarm fließen kann. Durch die Knielage kann das Wasser durch die Schwerkraft in den querverlaufenden und aufsteigenden Dickdarm laufen. So erreicht es ohne große Mühe auch die entferntesten Teile des Dickdarms. Es ist ratsam, den Saft von 1 bis 2 Zitronen in einen Liter Wasser zu geben, statt irgendetwas anderes beizufügen. Seife, Salz oder Natriumbikarbonat sind nicht empfehlenswert. Wasser und Zitronensaft oder nur reines Wasser, weder heiß noch kalt, sondern gerade handwarm, ist am besten.

Das Rektalrohr sollte mit einer darmverträglichen Creme gleitfähig gemacht werden.

führen wir es nicht weiter ein, sondern lassen einfach das Wasser einlaufen.

Wenn wir Beschwerden, Krämpfe oder das Gefühl verspüren, voll zu sein, nachdem das Wasser eingeflossen ist, ist es am besten, den Wasserfluß anzuhalten, das Rohr herauszuziehen und das Wasser in die Toilettenschüssel zu entleeren, selbst wenn wir nicht das ganze Wasser im Beutel oder im Behälter oder nur wenig davon verbraucht haben.

Wenn wir spüren, daß wir alles hinausbefördert haben, was für eine Ausscheidung bereit war, können wir aufstehen und den Beutel oder den Behälter mit reinem Wasser der gewünschten Temperatur auffüllen. Das Rohr fetten wir erneut ein und verabreichen uns nochmals ein ganzes Klistier.

Ein wenig Erfahrung durch die Verabreichung einiger Klistiere, wenn sie benötigt oder gewünscht werden, wird uns rasch die speziell für uns günstige Verfahrensweise lehren. Für mich ist die Anwendung von Klistieren äußerst wichtig bei unserem Bemühen, Alterserscheinungen abzuwehren. Es empfiehlt sich, daran zu denken, daß sowohl der Beutel wie auch das Rohr mit warmem Wasser und Seife gereinigt und gründlich mit kaltem Wasser gespült werden sollten, bevor man sie weglegt.

Kapitel 21
Säfte und Entsafter

Sie müssen einfach davon überzeugt sein, wie wichtig die Bedeutung der inneren Reinigung durch Klistiere und Darmspülungen anstatt durch den Gebrauch von Abführmitteln ist. Der Genuß frischer roher Säfte aber ist meiner Erfahrung nach ebenso wichtig wie Klistiere und Darmspülungen. Beide sind gleichwertig.

Es gibt zwei gewichtige Gründe, Säfte zu trinken: um aus Früchten und Gemüsen bestes organisches Wasser und um alle organischen Substanzen, Mineralien und Vitamine zu gewinnen. Mit diesem Problem wurde ich konfrontiert, als ich zum ersten Mal untersuchte, wie wirksam die verschiedenen Säfte und Saftmischungen bei vielen Beschwerden waren, die ich zu beseitigen versuchte.

Ich begann vor mehr als vierzig Jahren, indem ich zum Saftpressen einen Fleischwolf benutzte. Ich erhielt auf diese Weise etwas Saft, entdeckte aber bald, daß dieses Verfahren den Brei und den daraus gewonnenen Saft zu sehr erhitzte, so daß er, kurz nachdem er bereitet wurde, infolge dieser Hitze verdarb. Als ich den verbliebenen Brei analysierte, stellte ich außerdem fest, daß die meisten wertvollen Stoffe weder freigesetzt noch extrahiert worden waren – sie wurden also vergeudet.

Dann versuchte ich, Gemüse zu raspeln und zu zermahlen und den Saft mit Hilfe der Zentrifugalkraft in einem durchlöcherten Behälter, der sich mit sehr hoher Geschwindigkeit drehte, aus dem Brei zu schleudern. So erhielt ich einen etwas besseren Saft, er war schmackhafter und war leichter zu gewinnen. Trotzdem war zuviel feiner Brei im Saft. Der restliche Brei bestand immer noch zu 25 bis 50 Prozent aus Saft. Außerdem befanden sich viel zu viele Vitamine und Mineralien, die in einem guten und wirksamen Saft vorhanden sein müssen, noch in diesem Breirest.

Soviel ich auch probierte, ich konnte keinen Mechanismus und keine Methode ausfindig machen, um eine vollständige Entsaftung zu erreichen. Schließlich erkannte ich, daß ich etwas tat, was physikalisch und mechanisch unmöglich zu erreichen ist, nämlich die vollständige Extraktion des Saftes und der Stoffe oder Teilchen aus einem feuchten Material durch Zentrifugalkraft.

Im Laufe dieser Experimente versuchte ich ferner, die Früchte und Gemüse maschinell in mikroskopisch kleine Teilchen – so klein wie Staubkörner – zu schneiden, in der Hoffnung, auf diese Weise könne ich es dem Körper überlassen, die Extraktion vorzunehmen. Ich mischte diese Teilchen gründlich mit verschiedenen Arten von Flüssigkeiten, manchmal mit Wasser, ein andermal mit Frucht- oder Gemüsesäften.

Ich stellte jedoch fest, daß die Gemüsefasern für den Verdauungsvorgang zu zäh sind, wenn sie zu derart feinem Pulver zerkleinert werden, selbst wenn dieses Pulver naß oder feucht ist. Außerdem entdeckte ich, daß die feinen Teilchen, wenn ich zuviel von diesem Saft trank, im Laufe der Zeit häufig den Dickdarm erreichten und sich dort ansammelten, bis sie einige der Darmtaschen ausfüllten. Wenn das geschah, war eine Verstopfung die Folge, die jeden Zustand, in dem der Dickdarm sich befinden mochte, verschlimmerte. In diesen Fällen stellte ich durch eine Untersuchung des Stuhls fest, daß diese Teilchen völlig unverändert waren und daß sie den Körper durchlaufen hatten, ohne daß der Verdauungsprozeß in der Lage gewesen wäre, sie zu verarbeiten. Daraufhin gab ich diese Methode auf, da sie nicht nur unpraktisch war, sondern möglicherweise auch zu gefährlich, als daß man versuchen sollte, mit ihr Säfte zu bereiten.

Als ich nach vielem Experimentieren in vielen Jahren der Forschung die Früchte und Gemüse schließlich zerrieb, stellte ich fest, daß ich mit dem richtigen Gerät praktisch alle Zellen in den Fasern aufreißen und auf diese Weise die Atome und Moleküle, die sie enthielten, freisetzen konnte. Ich hatte schließlich das Glück, ein Gerät zu finden, das das Resultat brachte, das ich erwartete.

Es war ein Entsafter, der wie eine hydraulische Presse arbeitete, in der die Wirkstoffe vom Brei getrennt werden konnten. So erhielt ich schließlich den vollständigen, wirksamen Saft, den ich anstrebte und der mir die gewünschten Resultate erbrachte. Ein solcher Entsafter wird als Champion-Entsafter angeboten. Siehe auch Abb. Seite 110.

Ich habe noch keinen anderen Entsafter gefunden, der Säfte liefert, auf die man sich verlassen kann, soweit es die Wirkungen anlangt, die bei der Behandlung von Beschwerden und Krankheiten erwartet werden können.

Natürlich sind alle Gemüse- und Fruchtsäfte nützlich, gleichgültig, auf welche Weise sie extrahiert wurden. Wenn die Extraktion nicht vollständig ist, haben die Säfte aber entsprechend weniger Wert, und Sie müssen größere Mengen über einen viel längeren Zeitraum hinweg trinken. Wenn die Säfte jedoch richtig und vollständig extrahiert werden, sind die Wirkungen fast phänomenal. Tausende und Abertausende von Menschen in der ganzen Welt haben mir geschrieben und berichtet, daß sie ihre Gesundheit und oft ihr Leben frischen rohen Frucht- und Gemüsesäfte verdanken.

Wie hoch die Anschaffungskosten für einen Entsafter auch sein mögen, man sollte sie nicht als Ausgabe ansehen, sondern eher als Geldanlage. Richtig bereitete Säfte haben nach meiner eigenen Kenntnis viele tausend Menschen vor unnötigen Operationen bewahrt. Die Säfte haben viele Menschen vor vorzeitigem Tod und so viele Tausende vor vorzeitigem Alter bewahren helfen. Andererseits wurden zahllose Menschen, die als »gesund« galten, geholfen, durch die Anschaffung eines guten Entsafters jünger zu werden.

Wir benutzen bei der Zubereitung mancher Mahlzeiten einen Mixer. Wie wir ihn benutzen, wird in einem späteren Kapitel über die Zubereitung von Salaten und Desserts erklärt.

Die Anwendung von Säften bei Beschwerden wird ausführlich im Buch *»Frische Frucht- und Gemüsesäfte«* erklärt. Ein oder zwei Beispiele sollen angeführt werden, damit Sie verstehen, warum man einige Säfte reichlich und andere sparsam verwenden soll.

Nehmen wir Magengeschwüre als Beispiel. Vor mehr als dreißig Jahren benutzte ich einen halben oder ganzen Liter frischen rohen *Kohlsaft* mit ganz wunderbarem Ergebnis, und ich habe nicht einen Rückfall gehabt. Ich habe jedoch festgestellt, daß viele andere, die meinem Beispiel folgten, zwar den gleichen Nutzen daraus zogen, aber über schreckliche Gasbildung klagten. Wenn sie vom Kohlsaft zu frischem rohem *Karottensaft* wechselten, fanden sie die Resultate sogar noch besser, und keine übermäßige Gasbildung belästigte sie. Der Grund ist natürlich, daß Kohl einen ziemlich hohen Anteil Schwefel und andere gasbildende Stoffe enthält, während die Karotte in dieser Hinsicht ausgewogener ist.

Beim Studium meines Säftebuchs werden Sie erfahren, daß *Petersilie* ein sehr wirksamer Saft ist; wir haben aber festgestellt, daß man ihn nur sehr sparsam verwenden sollte. Mit anderen Säften vermischt hat er sich als äußerst wertvoll und nützlich erwiesen.

Rübensaft ist eine weitere ausgezeichnete Hilfe.

Kapitel 22
Das hilft Ihnen, jünger zu werden

Ich weiß nicht, wie die Einzelheiten beim »Aushungern des Dickdarms und seine Folgen« bei Ihnen angekommen sind. Sie werden sich daran erinnern, daß die Dickdarmwände schlaff werden, wenn sie einmal ihren Tonus verloren haben, weil es an der richtigen Nahrung fehlt, um die Nerven und Muskeln leistungsfähig zu erhalten. Die Darmwände gleichen dann der Haut einer Wurst, die nur eine sehr kleine oder überhaupt keine Füllung hat. In diesem Zustand erschlafft der Dickdarm, Schlingen bilden oder verlängern sich und hindern die zur Ausscheidung bestimmte Darmmasse am Durchkommen.

Wir bezeichnen dies als Dickdarmsenkung (Enteroptose). Jede Organsenkung vermittelt das Gefühl, daß der ganze Körper schlaff wird. Im Laufe einer sehr kurzen Zeit nach dem Eintritt dieses Zustandes erscheinen in vielen Fällen langsam Falten im Gesicht, die den Mund, das Kinn und die Augenwinkel erschlaffen lassen. Auf jeden Fall können diese Senkungen eine entschieden negative Wirkung auf den Organismus haben, was allmählich dazu führt, daß wir uns alt fühlen, alt und müde aussehen, besonders dann, wenn wir längere Zeit stehen müssen.

Vor einigen Jahren entdeckte ein älterer Herr, daß er große Erleichterung bei Unterleibsdruck nach langem Stehen verspürte, wenn er ein Brett in Schräglage mit dem einen Ende auf einen Hocker oder einen niedrigen Stuhl und das andere Ende auf den Fußboden legte und sich rücklings, mit dem Kopf am niedrigeren Ende und den Füßen am höheren Ende, darauflegte. Als er das Brett mehrmals am Tag jeweils für ein paar Minuten benutzte, fand er im Laufe einiger Tage heraus, daß sein Stuhlgang besser und natürlicher wurde als vorher. Er suchte nach einer Begründung für diese Besserung und entdeckte, daß sein erschlaffter Dickdarm sich ausruhte, während er sich in dieser Schräglage befand. Dadurch hatte der Darm die Gelegenheit, sich in eine natürlichere Lage zurückzubewegen, so daß die Passage des Darminhalts weniger behindert wurde und sich infolgedessen seine Ausscheidung verbesserte.

Er benutzte sein *Schrägbrett* weiterhin regelmäßig und täglich und entdeckte bald, daß er in vieler Hinsicht Nutzen daraus zog. Unter anderem verspürte er einen erholsamen Frieden, der es ihm ermöglichte, sich erfrischt vom Brett zu erheben. Im Laufe der Zeit fühlte er sich verjüngt, und obwohl er alt an Jahren ist, geht er und verhält er sich wie ein verjüngter Mann, und er sieht auch so aus. Sein Schrägbrett ist zweifellos eines der Mittel, die ihm geholfen haben, jünger zu werden.

Ich habe Menschen die Verwendung eines solchen Brettes empfohlen, und in jedem Fall erhielt ich zufriedenstellende und dankbare Berichte. Er benutzte dieses Schrägbrett nicht nur zur Entspannung, sondern auch, um den ganzen Körper zu kräftigen. In Schräglage, mit dem Kopf am niedrigeren Ende, hebt er die Beine in die Luft und bewegt sie wie beim Radfahren. Außerdem balanciert er auf den Schulterblättern, hebt die Beine noch höher und bewegt sie nach der einen Seite, dann hinüber zur anderen, wodurch er seine Rückenwirbel elastisch und seinen ganzen Körper gelenkig erhält.

Ich halte dieses Schrägbrett für ein ausgezeichnetes Mittel, um schlaffe Organe zu entspannen, um die Dickdarmfunktion zu unterstützen und um ein äußerst wertvolles Training jener zahlreichen Körperteile zu ermöglichen, die wir in unserem täglichen Leben so leicht vernachlässigen. Benutzen Sie auf jeden Fall ein Schrägbrett als Hilfsmittel, um jünger zu werden.

Viele Menschen müssen manchmal stundenlang ununterbrochen auf den Beinen sein. Oft fühlen sie sich so mies in der Magengrube, daß sie sich fragen, ob sie noch eine Minute länger stehen können. Wir wissen natürlich, daß dies an der Erschöpfung liegt, die auf falsche Ernährung und auf unzureichende Ausscheidung von Schlacken aus dem Körper zurückzuführen ist. Trotzdem haben viele Menschen großen Nutzen aus dem Schrägbrett gezogen, wenn sie es benutzten, um diese Überlastung abzubauen. Wenn sie das Brett benutzten, konnten ihr erschlaffter Dickdarm und andere Organe eine Ruhepause einlegen, die sich günstig auf den ganzen Körper auswirkte.

Eine andere Hilfe für alle, die jünger werden wollen, ist die Massage mit einem *Vibrator*.

Wenn sich heutzutage ein Kind wehtut, beeilt sich die Mutter, die Schmerzen wegzureiben, während der Großvater sein rheumatisches Knie so kräftig wie möglich reibt, wenn die Schmerzen zu schlimm werden. Wir finden, daß der elektrische Vibrator im modernen Haushalt ein unentbehrliches Gerät ist. Man kann ihn benutzen, um die Kopfhaut zu massieren. Dadurch wird die Blutzirkulation durch die Kapillaren angeregt und erleichtert. Wenn Sie das Gesicht und den Hals massieren, regt das Gerät die Hautfunktion an. Bei Krankheiten und Behinderungen ist eine Massage mit dem Vibrator sowohl nützlich wie auch angenehm, aber es empfiehlt sich, vor seiner Anwendung einen Arzt zu konsultieren, da seine Kenntnisse der Anatomie und der Wirkung einer Massage auf die betroffenen Körperteile dem Patienten Schwierigkeiten und Schädigungen ersparen können.

Manuelle Massage ist harte Arbeit, wie jeder weiß, der bei jemandem eine gute Tiefenmassage entlang der Wirbelsäule oder an den Bein- oder Armmuskeln gemacht hat. Einen guten Vibrator setzt man am Handrücken an und bewegt ihn so, daß schon eine sanfte Berührung mit den Fingern von der Energie des Vibrators verstärkt wird. Der vibrierenden Bewegung der

Finger wird mehr Kraft – ohne Druck – und mehr Wirkung in die Tiefe verliehen. Dadurch werden die innersten Körpergewebe wie auch die Blutzirkulation zur Haut angeregt, ohne daß man die Finger ins Fleisch drückt. So ist es möglich, sich selbst und anderen eine wirksame Massage zu verabreichen, die entspannend, angenehm und erfrischend wirkt.

Massage ist ein Verfahren, das nicht oft genug angewendet werden kann. Sie ist sehr nützlich bei manchen akuten Entzündungen, obwohl sie in diesen Fällen sehr sanft sein muß. Sie ist bei der Behandlung von Gelenkverstauchungen und Knochenbrüchen von großem Wert. In vielen Fällen kann der Körper bei einer Massage mit dem Vibrator rascher ansprechen, als wenn man ihm völlige Ruhe gönnt. Wenn man zum Beispiel müde ist und keine Zeit hat für ein Nickerchen, kann der Vibrator helfen, den Körper zu stimulieren und uns einen Energiestoß geben. Nach anstrengenden Körperübungen ist eine Massage mit dem Vibrator sehr nützlich, da sie die Blutzirkulation in den massierten Körperteilen verstärkt, die Ermüdungsschlacken auflöst, die Nerven beruhigt und Spannungen lindert. Daher bin ich der Meinung, daß ein guter elektrischer Vibrator ein sehr nützliches Gerät ist.

Es gibt viele gute Geräte auf dem Markt. Ich möchte allerdings vor dem Gebrauch eines Vibrators ohne Anleitung eines Arztes in bestimmten Fällen warnen: bei Wunden und Verbrennungen, bei Hautausschlägen wie Ekzemen, bei geschädigten Blutgefäßen, bei Tumoren, Abszessen und Geschwüren, bei Gelenkentzündungen und in der Schwangerschaft.

Kapitel 23
Welche Lebenseinstellung brauchen wir, wenn wir jünger werden wollen?

Bevor ich Ihnen einige Menüs und Rezepte gebe, um Sie zu einer Umstellung Ihrer alten Eßgewohnheiten auf natürliche, nahrhafte Lebensmittel anzuleiten, weise ich mit Nachdruck darauf hin, daß Sie eine neue Philosophie entwickeln müssen, wenn Sie jünger werden wollen. Der erste Grundsatz ist *richtiges Denken*. Ich habe in diesem Buch viel über positives und negatives Denken und Reden gesagt. Ich möchte hier noch etwas mehr ins Detail gehen, so daß Ihr Leben zu einem schöneren Erlebnis werden kann, als Sie es sich je erträumt haben.

Klatsch ist die schlechteste Art von Zeitvertreib, es sei denn, er ist konstruktiv. Kritisieren Sie niemals andere, und denken Sie nicht schlecht von ihnen. Denken Sie nur an das Gute in ihnen. Wir können nicht schlecht von anderen denken, sofern nichts Schlechtes oder der Funke des Schlechten in uns selbst ist. Von anderen schlecht zu denken und zu sprechen, legt einfach Schlechtes in unserem eigenen Charakter bloß, ob wir uns dessen bewußt sind oder nicht.

Setzen Sie nie eine *Diskussion* fort, wenn Sie sehen, daß die andere Partei nicht überzeugt oder umgestimmt werden kann. Es ist besser, in einer Diskussion zu unterliegen und einen Freund zu behalten, als eine Diskussion zu gewinnen und einen Freund zu verlieren.

Wenn wir jemandem zuhören, sei es bei einem *Vortrag*, zu Hause oder anderswo, und uns ein nützlicher Rat gegeben wird, sollten wir unseren Geist nicht zu all denen abschweifen lassen, die wir kennen und die nun ebenfalls von diesem Rat profitieren könnten. Wenden wir ihn erst einmal bei uns selber an! Wir neigen zu sehr dazu, andere verändern und verbessern zu wollen. Wir übersehen dabei die Tatsache, daß wir die Veränderung und Verbesserung selbst vielleicht viel dringender benötigen als alle, die wir kennen.

Es gibt kritische Zeiten im Leben jedes Mannes und jeder Frau. Sprechen Sie nie über Ihre *Probleme*, Ihre Not, Ihr Elend oder Ihre Leiden, außer in den seltenen Fällen, indem Ihre Erfahrung für Ihren Zuhörer hilfreich sein kann. Die Leute interessieren sich nicht für Ihre Probleme. Sie sind zu sehr mit sich selbst beschäftigt.

Eine niedergedrückte *Haltung* mit gerunzelter Stirn, niedergeschlagenen Augen und hängenden Mundwinkeln lädt das Alter zu einem Besuch bei uns ein und hält den Sonnenschein des Lebens von uns fern. Heben Sie Ihre Augen und Mundwinkel und lächeln Sie, lächeln Sie von Herzen, lächeln Sie »als ob« – und noch bevor Sie es merken, werden Sie *vor Lebensfreude* lächeln. Nichts wirkt so erhebend wie ein *Lächeln*. Ein Lächeln kann bewirken, daß wir das Komische auch in den ärgerlichsten Situationen sehen, und Humor ist ein Attribut der Jugendlichkeit. Ein Lächeln kann uns die Bürde des Jammers und des Selbstmitleids abnehmen, und es kostet nichts zu lächeln.

Jeder strebt nach *Glück, Frieden und Sicherheit*. Diese finden wir nicht außerhalb von uns selbst. Solange wir sie nicht in uns gefunden und entwickelt haben, in unserem Herzen und in unserer Seele, werden wir vergeblich nach ihnen suchen. Sobald wir entdecken, wie mühelos und einfach es ist, Glück, Frieden und Sicherheit in unserem eigenen Selbst zu finden, sehen wir das Leben mit völlig anderen Augen. Dann können wir leicht ermessen, wie sehr es sich lohnt, jünger zu werden.

Wenn Sie sich auf dieses Programm einlassen, das in der Regel eine Umstellung unserer Eß-, Trink- und Lebensgewohnheiten verlangt, sehen Sie sich fast immer dem Widerstand Ihrer Familie und Ihrer Freunde gegenüber. Sie müssen lernen, damit spielend fertig zu werden. Um diesem Widerstand entgegentreten und ihn überwinden zu können, brauchen Sie Mut: Er erwächst dem Wissen, das Sie durch Studieren und Beachten dieses Programms erwerben können.

Sie werden stets mehr Leuten begegnen, die bereit sind, herabzusetzen und zu verdammen, als solchen, die helfen und ermutigen. Wenn Sie erst einmal angefangen haben und das Fließen des neuen Lebens, der Energie und der Jugend zu spüren beginnen, sollte Ihnen die Gewißheit, daß Sie auf dem richtigen Weg zur Verjüngung sind, helfen: Sie gibt Ihnen die Mittel und Wege zur Hand, jeden negativen Widerstand zu besiegen, mit dem Sie bei denen rechnen müssen, die nicht das Geringste von Ihren Entdeckungen wissen.

Jünger zu werden bedeutet, einen Zustand der Selbständigkeit und Selbstgenügsamkeit erreicht zu haben, den Ihnen niemand nehmen kann, einen Zustand, in dem Sie nichts stören kann, was außerhalb von Ihnen selbst liegt. Nur dann können Sie Herr über sich selbst und Herr über jede Situation sein.

Kapitel 24
Fasten

Dieses Thema ist es wert, erörtert zu werden, noch bevor wir lernen, eine Mahlzeit richtig zusammenzustellen. Fasten ist ein sehr wichtiger Teil jedes Programms, das mit dem menschlichen Körper zu tun hat. Es ist sehr nützlich, vorausgesetzt, daß es klug und während eines Zeitraums von nicht länger als sechs oder sieben Tagen angewandt wird.

Fasten hat eine doppelte Wirkung. Es ermöglicht dem Verdauungssystem und einem sehr großen Teil der Körperfunktionen eine mehr oder weniger vollständige Ruhepause, und gleichzeitig versetzt es den Körper in die Lage, Abfallprodukte zu verbrennen und auszuscheiden. Während einer Fastenperiode benutzt der Körper seine Reserven, um seine Funktionen aufrechtzuerhalten. Es ist äußerst wichtig, dies zu wissen und zu bedenken, wenn wir eine Fastenkur beginnen.

Während des Fastens essen Sie keinerlei Nahrung. Sie trinken nur Wasser oder mit Wasser verdünnte Fruchtsäfte. Diese Verdünnung ist notwendig, weil andernfalls die »Müllverbrennung« im Körper zu stark oder zu konzentriert erfolgt.

Früchte sind die Reiniger des Körpers, und sie müssen vor allem während des Fastens mit Vorsicht angewandt werden, obwohl Sie zu anderen Zeiten soviel Früchte verzehren können, wie Sie wollen. Die Flüssigkeitsmenge, die Sie während des Fastens trinken sollten, liegt gewöhnlich bei nicht weniger als anderthalb bis zwei Litern pro Tag.

So eine Fastenkur hat gewöhnlich die Wirkung, daß eine Menge Schlacken aufgelöst werden, die sich im Körper angesammelt haben. Einige dieser Stoffe verlassen den Körper auf dem normalen Weg der Entleerung und Ausscheidung. Viele werden jedoch einfach gelöst und in einer geeigneten Nische oder einem Winkel aufbewahrt, gewöhnlich in den Taschen oder Falten des Dickdarms.

Wenn Sie ihnen erlauben, über Nacht dort zu verbleiben, kann Ihr Körper leicht einige dieser Gifte absorbieren. Dies führt gewöhnlich dazu, daß ein Teil des Nutzens, den wir aus der Fastenkur ziehen möchten, verlorengeht, und es kann außerdem Unwohlsein und Blähungen verursachen. Machen Sie deshalb an jedem Abend während des Fastens ein Klistier, kurz bevor Sie schlafen gehen, wobei Sie den durchgeseihten Saft zweier Zitronen ins Wasser geben.

Am Tag, an dem Sie das Fasten beenden wollen, »brechen« Sie es mit zwei oder drei leichten Mahlzeiten aus frischen Gemüsen oder Früchten und viel Gemüsesaft am ersten und zweiten Tag. Danach nehmen Sie Ihre normale Ernährungsweise wieder auf.

Wenn Sie eine längere Fastenkur machen wollen, tun Sie das in Serien von Fasten und »Fastenbrechen.« Sie fasten etwa sechs Tage, dann »brechen« Sie das Fasten für drei oder vier Tage wie im vorigen Absatz beschrieben. Dann nehmen Sie das Fasten für einen gleichen Zeitraum wieder auf, mit einem ähnlichen »Bruch« am Ende des sechsten Tages: solange Sie das Gefühl haben, daß Sie weitermachen sollten.

Es kann gefährlich sein, ohne Aufsicht eines Fastenspezialisten mehr als sechs oder sieben Tage zu fasten (siehe auch *Dr. Paul C. Bragg, »Wunder des Fastens«, Prof. Arnold Ehret, »Vom kranken zum gesunden Menschen durch Fasten« und Dr. Herbert M. Shelton, »Fasten kann Ihr Leben retten«).* Wenn wir das tun, hat der Körper keine Gelegenheit, seine Wirkstoffvorräte wieder aufzufrischen. Er fährt dann fort, zunächst die

Schlacken und dann die Zellen und Gewebe zu verbrennen, ohne über neue Stoffe zu verfügen, um letztere reparieren oder wiederherstellen zu können.

Eine ausgedehnte Fastenkur ohne »Fastenbrechen« an jedem sechsten Tag kann Sie in Euphorie versetzen; aber diese Begeisterung erfolgt auf Kosten einer Verbrennung des Körpers, ein Zustand, der manchmal jahrelang nicht als nachteilig erkennbar ist. Ich war mit einem Arzt gut bekannt, der seine Patienten drei bis vier Monate lang ohne Unterbrechung bei Zitrussaft (gewöhnlich Orangensaft) fasten ließ. Ich wies ihn auf die Gefahr dieser Praxis hin, aber er war so befriedigt von den schnellen Erfolgen, die seine Patienten erzielten, daß er meinen Argumenten nicht zustimmen wollte. Im Laufe meiner Vortragsreise durch das ganze Land hatte ich jedoch Gelegenheit, eine Reihe seiner Patienten zu treffen – viele von ihnen waren bettlägerig –, die für ihre »rätselhafte« Krankheit Abhilfe suchten. Ohne Ausnahme waren sie offensichtlich völlig gesund, aber sie schienen kein Fünkchen Energie mehr zu haben.

Ein Blick auf ihren bisherigen Krankheitsverlauf und auf ihre Erfahrungen brachte die Tatsache ans Licht, daß sie lang ausgedehnte Fastenkuren gemacht hatten und sich von ihren Leiden befreit glaubten. Aber im Laufe eines Zeitraums von zwei bis fünf Jahren begann ihre Vitalität, Stärke und Energie schnell und unerwartet nachzulassen. Es erforderte viele Monate, in einigen Fällen Jahre, mit Hilfe von frischen Säften und Rohkost den Schaden zu beheben, der von dieser Art des Fastens angerichtet worden war.

Ich habe hier die Röntgenaufnahme des Dickdarms einer alten Dame vor mir, die den medizinischen Berichten zufolge vor etwa sechs Jahren an Krebs litt. In ihrer Brust, auf ihren Armen und in anderen Teilen ihres Körpers begannen sich Knoten zu entwickeln. Sie las von einigen erfolgreichen Behandlungen durch Fasten bei Grapefruitsaft und beschloß, es zu versuchen. Nach einem etwa sechswöchigem Fasten begannen die Knoten zu verschwinden, und sie begann sich besser zu fühlen als jemals zuvor. Sie setzte die Fastenkur ohne Unterbrechung noch einige Wochen fort und kehrte dann zu ihren üblichen drei Mahlzeiten am Tag zurück. Es gab kein sichtbares Anzeichen dafür, daß etwas von ihrem Leiden zurückgeblieben wäre, und sie lebte glücklich weiter und kümmerte sich um ihre Pflichten als Hausfrau, mit mehr Schwung, als sie seit vielen Jahren empfunden hatte.

Vor etwa zwei Jahren aber traf sie dann die ganze Wucht der Folgen ihrer ausgedehnten Fastenkur. Sie konnte das Bett nicht verlassen, sie wurde nervös bis an den Rand der Hysterie, und selbst das Tageslicht störte sie so sehr, daß ihr Zimmer im Halbdunkel oder in völliger Dunkelheit gehalten werden mußte. Allmählich wurde auch ihr Geisteszustand beeinträchtigt, und ihre Familie und ihre Verwandten machten sich große Sorgen.

Sie wurde schließlich auf eine strenge Rohkost gesetzt, die täglich mehrere Gläser rohen Gemüsesaft enthielt. Zweimal wöchentlich erhielt sie Darmspülungen. In weniger als sechs Monaten verbesserte sich ihr Zustand rundherum, bis er wieder fast normal wurde. Als ich ihr neulich begegnete, sah sie fünf Jahre jünger aus als sechs Monate zuvor, damals, als ich sie zum ersten Mal gesehen hatte. Ihre Haut, die bleich und glanzlos gewesen war, hatte jetzt Farbe und strahlte und strotzte vor Gesundheit.

Nicht jeder ist in der glücklichen Lage, die Pflege und familiäre Unterstützung zu erhalten wie diese Dame. Dadurch war sie imstande, sich aus einer gefährlichen Situation in einer viel kürzeren Zeit zu befreien, als ich es für möglich gehalten hätte. Das beweist: Wo ein Wille ist, ist auch ein Weg.

Darum wollen wir daran denken, daß kurze Fastenkuren nützlich sein und uns helfen können, jünger zu werden, daß längere Fastenkuren aber schädlich, wenn nicht gar gefährlich sein können, wenn sie nicht von einem erfahrenen Fastenspezialisten begleitet werden.

Kapitel 25
Mahlzeiten aus natürlichen Lebensmitteln

Meiner Auffassung nach sind natürliche Lebensmittel solche Nahrungsmittel, die dank des organischen Lebens, das sie enthalten, nahrhaft sind. Zu dieser Kategorie gehören alle rohen Salate, Gemüse und Früchte und deren frische, rohe, unverarbeitete Säfte sowie Nüsse und Samen. Zu den Gemüsen zähle ich auch einige Hülsenfrüchte, wenn sie frisch und jung sind.

Getrockneten Hülsenfrüchten fehlt es an lebenswichtigem organischem Wasser, und ich habe festgestellt, daß sie im Organismus zuviel Säure bilden, um von praktischem Wert zu sein. Ich verwende sie daher nicht. Zu dieser Gruppe zähle ich getrocknete Erbsen, Bohnen, Sojabohnen, Erdnüsse und ihre vielen Produkte und Nebenprodukte.

Immer wenn es möglich ist, verwende ich Lebensmittel, die in oder auf organisch bearbeitetem Boden gewachsen sind, ohne Anwendung von Kunstdünger. Es ist sehr wichtig, dies zu verstehen. Vitamin- und Wirkstoffmangel in der Nahrung ist die Folge der Zerstörung des Bodens durch chemische Düngemittel. Einige Leute in der Regierung sind dabei aufzuwachen und dies zu erkennen. Organischer Gartenbau bedeutet Wiederaufbau des Bodens durch biologische Umwandlung von organischen Abfällen und Mist in Ackerkrume, also durch die Stoffwechselprozesse von Bodenorganismen wie Würmer, Bakterien usw. Nur mit dieser Methode – der Methode, die die Natur anwendet, seit es Pflanzenwuchs auf der Erde gibt – können wir fruchtbaren Boden hervorbringen, auf dem Lebensmittel mit einer Fülle von Vitaminen und Mineralien wachsen. Gemüse, Salate und Früchte, die auf einem solchen Boden gezogen werden, benötigen auch keine giftigen Schädlingsbekämpfungsmittel.

Unter diesen Umständen werden Feldfrüchte nicht von Insekten und Schädlingen vernichtet, da diese nach dem natürlichen Lauf der Dinge von Vögeln gefressen werden. Vögel sind die besten und wirkungsvollsten Insektenvertilger, und sie sind völlig harmlos. Eine einzige Kleiber- oder Meisenfamilie kann mehr als siebzig Pfund Insekten in einem einzigen Sommer vernichten, während einige Meisenpaare den gesamten Bestand an Schädlingen – Raupen und fliegende Insekten – in einer 4000 qm großen Apfelplantage auffressen können. Ein Schwalbenpaar und seine Familie kann etwa 7000 Fliegen an einem einzigen Tag vertilgen. Eine Meise kann an einem Tag bis zu 5500 Raupeneier fressen.

Was geschieht, wenn Gemüse und Obstbäume gespritzt werden? Vögel fressen die vergifteten Insekten und sterben. Insektizide tragen folglich Mitverantwortung an der Zunahme der Schädlinge und Insekten und den sich daraus ergebenden Ernteschäden. Insektizide töten nur wenige Schädlinge, verglichen mit denen, die es überall gibt, und da sie auch Vögel vernichten, schaden sie ihrem eigenen Zweck, weil die Insekten und Raupen dann in der Lage sind, sich außerhalb des vergifteten Gebietes ohne Störung durch Vögel zu vermehren.

Im Staate New Jersey fand man einen ganzen Schwarm Wildvögel, die alle zur selben Zeit an Krämpfen starben, und eine bedauernswerte Zahl fiel tot von den Bäumen, als diese gespritzt wurden. Ebenso beim Honig, unserem wertvollsten Kohlenhydrat und Süßungsmittel: Hunderte von Bienenstöcken hatten keinen Honig mehr geliefert, weil die Bienen an giftigen Insektiziden starben.

Wenn wir auf chemische Düngemittel verzichten, uns stattdessen auf die Grundsätze des organischen Gartenbaus beschränken und die Vermehrung der Regenwürmer im Boden fördern, können wir nicht nur viel größere Ernten erzielen, sondern auch weitaus bessere Produkte, und letztlich ist es die Qualität der Nahrung, die uns hilft, jünger zu werden.

Wir sind zwar nicht immer in der Lage, Gemüse, Salate und Früchte in der Qualität und Quantität zu beschaffen, die wir benötigen, aber wir können den Mangel weitgehend ausgleichen, wenn wir reichlich frische, rohe Säfte in möglichst großer Vielfalt trinken.

Was unsere täglichen Mahlzeiten betrifft, sollte ich vielleicht kurz umreißen, woraus meine eigenen Mahlzeiten bestehen:

Frühstück

Eine oder zwei reife *Bananen*, am besten mit viel braunen Stellen. Reife Bananen sind ein ausgezeichnetes Lebensmittel. Schneiden Sie alle verdorbenen Stellen heraus, nachdem Sie die Schale entfernt haben. Schneiden Sie die Banane in dünne Scheiben.

Karottenmus. Mit dem Entsafter mache ich etwa zwei oder drei Teelöffel Mus, ohne den Saft herauszupressen. Benutzen Sie am besten einen Champion-Entsafter, mit dem man auch raspeln kann, und reiben Sie die gewünschte Menge Karottenmus und verteilen das Mus über die Bananen.

Rosinen. Ich ziehe die kernlosen Rosinen vor. Weichen Sie einige in kaltem oder lauwarmen Wasser über Nacht ein. Verteilen Sie zwei oder drei Teelöffel davon über das Karottenmus.

Feigen. Schwarze Feigen sind mir am liebsten. Weichen Sie sie ein, wie die Rosinen. Schneiden Sie die Stiele ab und zerschneiden Sie vier bis sechs Feigen über dem ganzen Gericht.

Nüsse. Benutzen Sie den Champion-Entsafter, mit dem Sie Nüsse und gehäutete *Mandeln* fast so fein wie Mehl mahlen können. Ich verteile etwa vier, fünf oder sechs Teelöffel dieser feingemahlenen Mandeln über das ganze Gericht – und das ist mein Frühstück. Wenn Sie es wünschen, können Sie etwas *Sahne*, am besten rohe Sahne, verwenden, um die Frühstücksmahlzeit anzufeuchten. In diesem Fall verteilen Sie sie, bevor Sie die Nüsse auftragen.

Ein Glas *Karottensaft* oder auch ein Glas Karotten- und Spinatsaft ist für mich das beste Getränk, das ich mir wünschen kann. Sie werden erstaunt sein, wie sättigend dieses Frühstück ist. Es gibt viele Möglichkeiten, es zu verändern oder zu variieren. Mit Bananen als Grundlage wird ein in Scheiben geschnittener oder grob geraspelter Apfel oder eine Birne mit Rosinen und Feigen, wie oben beschrieben, mit den restlichen Zutaten oder ohne sie, zu einem köstlichen und wunderbaren Frühstück.

Für mich ist dieses Frühstück das sättigendste. Ich bezweifle sogar, daß ich mein Menu in den vergangenen Jahren mehr als ein halbes Dutzend Mal geändert habe. Ich glaube, daß Sie auch nach einiger Erfahrung in diesen Anregungen die Antwort auf die Frage finden werden, welches Frühstück Ihren Hunger ohne lästige Gasbildung stillt.

Mittagessen

Das Mittagessen hängt von den Umständen ab. Wenn ich zur Mittagszeit zufällig außer Haus bin, nehme ich einige Früchte mit, beispielsweise Äpfel, Birnen oder andere Früchte der Saison. Etwas Sellerie und eine kleine Avocado, wenn ich sie bekomme. Sonst nehme ich vielleicht – gelegentlich – ein kleines Stück Rohmilchkäse. Diese Nahrung, zusammen mit einem oder zwei Gläsern frischen Gemüsesaft, gibt mir alle Energie, die ich bis zum Abendessen brauche. Wenn ich dagegen zu Hause bin, esse ich einen kleinen gemischten Salat. Zum Beispiel: Ich gebe zwei oder drei Teelöffel Karottenmus in einen

Suppenteller. Darüber streue ich etwas kleingehackten Sellerie, Schnittlauch, Kohl oder Salat und ein wenig grüne Paprika und mische das ganze. Darüber verteile ich etwas Soße, eine von denen, die ich noch beschreiben werde. Als nächstes kommen etwa zwei Teelöffel feingeraspelte Rüben. Ich füge etwa einen Eßlöffel rohe grüne Erbsenschoten zu und lege ein kleines Stück rohen Blumenkohl in die Mitte.

Natürlich können Sie nach Geschmack mit etwas Gemüsesalz würzen, das Sie in Ihrem Reformhaus oder Naturkostladen bekommen können. Verwenden Sie Gewürze aber nur sehr sparsam. Mit einem Glas Gemüsesaft ergibt das ein sehr sättigendes Mittagessen für mich, das mich die Zeit bis zum Abendessen ohne Müdigkeit und Hunger überstehen läßt. Man braucht nicht viel Zeit, um einen solchen Salat zuzubereiten.

Wenn Sie bedenken, daß alle Salatmischungen gut verträglich sind und Sie die Wahl haben, sie fein oder grob zu hacken, fein oder grob zu raspeln oder zu schnitzeln, ganz nach Belieben, dann können Sie mit ein wenig Übung die verschiedensten Salate aus genau den gleichen Zutaten machen, nur anders zubereitet.

Sie werden sogar erstaunt sein, wie leicht man entweder eine einfache oder eine üppige Mahlzeit zubereiten kann. Jedes einzelne der zahlreichen Menus und Rezepte, die ich in meinem Buch *»Täglich frische Salate erhalten Ihre Gesundheit«* aufgenommen habe, ist wohlausgewogen und erlaubt eine Fülle von Abwandlungen, die Ihnen eine große Vielfalt bieten, was Aussehen und Geschmack angeht. Das heißt ganz einfach, daß Sie jedes Gemüse so zubereiten, wie es Ihrem Geschack und der Zeit, die Ihnen zur Verfügung steht, am besten entspricht, sei es gehackt, geraspelt oder geschnitzelt.

Zu den Geheimnissen eines guten Salatrezeptes gehört das Mischen von zwei oder drei Zutaten je Lage. Dadurch haben Sie eine unendliche Vielfalt zur Auswahl. Verwenden Sie nicht zuviel von einem einzelnen Gemüse oder Salat.

Abendessen

Die Abendmahlzeiten sind ebenso leicht zuzubereiten, und sie können so einfach oder üppig sein, wie man es wünscht. Eines meiner Lieblingsgeräte bei der Salatbereitung ist unser Mixgerät. Es bricht die Fasern auf und macht sie etwas schmackhafter, vorausgesetzt, der Mixer wird so gehandhabt, daß man das Gemüse nicht zu sehr zerkleinert (man darf den Mixer nicht länger als jeweils eine Sekunde laufen lassen).

Gehen Sie wie folgt vor: Zerhacken Sie etwas Sellerie, etwa zwei Eßlöffel, mit einem scharfen Messer auf einem Hackbrett und legen Sie ihn in die Schale des Mixers. Fügen Sie genügend Flüssigkeit hinzu, um die Messer eben vollständig zu bedecken. Diese Flüssigkeit sollte am besten Karottensaft oder der Saft eines grünen Gemüses sein. Wenn kein Gemüse verfügbar ist, tut es auch etwas (ungesüßter) Fruchtsaft, sonst können Sie etwas Wasser verwenden.

Zerhacken Sie etwa zwei Eßlöffel Salat, so wie Sie es mit dem Sellerie gemacht haben, und legen Sie ihn oben auf den Sellerie. Schneiden Sie eine Tomate in mehrere Teile und fügen Sie sie hinzu. Schließen Sie den Deckel und schalten Sie den Mixer ein, aber schalten Sie sofort wieder aus. Wenn die Messer aufgehört haben, sich zu drehen, drücken Sie die Mischung mit einem Löffel nach unten, dann schalten Sie das Gerät ein und sofort wieder aus.

Dann – nachdem Sie sich vergewissert haben, daß die Messer sich nicht mehr drehen – drücken Sie die Mischung wieder nach unten. Wiederholen Sie dies so oft wie nötig, um die Gemüse so fein zu zerkleinern, wie Sie sie haben möchten. Aber sie sollen sich nicht »verflüssigen«.

Wiederholen Sie diese Prozedur immer wieder, wenn nötig, ein dutzendmal. Dann seihen Sie die Flüssigkeit ab, und Sie haben Ihre erste Mischung fertig. Sie können sie entweder als erste Lage für Ihren Salat verwenden, oder Sie können etwa zwei, drei oder vier Teelöffel Karottenmus in einen Teller geben und die Mischung darauf verteilen. Als Gewürz können Sie ein wenig Kräutersalz verwenden. Gießen Sie die abgeseihte Flüssigkeit aus der obengenannten Mischung in den Mixer zurück, um Ihre nächste Lage zuzubereiten. Nehmen Sie drei, vier oder fünf grüne Zwiebeln und schneiden Sie sie in ziemlich kleine Stücke. Verwenden Sie dabei auch ein paar Zentimeter des grünen Teils. Wenn Sie keine grünen Zwiebeln haben, tun es auch andere Zwiebeln. Legen Sie sie in den Mixer. Raspeln Sie etwa einen Eßlöffel Gurken auf einer groben Raspel – mit der Schale – und fügen Sie sie zu den Zwiebeln hinzu.

Schneiden Sie etwa einen Eßlöffel grünen Paprika fein und geben Sie ihn dazu. Schneiden Sie etwa einen Eßlöffel Kohl so fein wie möglich und fügen Sie ihn den anderen Zutaten bei. Geben Sie etwas Kräutersalz zum Abschmecken dazu und wiederholen Sie das Verfahren, den Mixer eine Sekunde anzustellen, indem Sie ihn einschalten und sofort wieder ausschalten, so oft es notwendig ist, damit der Kohl so fein wird, wie Sie ihn haben möchten. Seihen Sie die Flüssigkeit von dieser Mischung ab, und sie ist fertig, um als nächste Lage zu dienen.

Sie können die verschiedensten Abwandlungen vornehmen. Zum Beispiel können Sie einen Apfel schälen und ihn auf der Raspel grob raspeln und etwa einen oder zwei Eßlöffel über die Mischung auf dem Teller verteilen, bevor Sie die Kohlmischung hinzufügen. Dann verteilen Sie diese Mischung gleichmäßig auf dem Apfel. Statt eines Apfels können Sie eine Birne verwenden oder jede andere Frucht oder Beeren. Es ist voll und ganz eine Geschmacksache.

Was mir schmeckt, mögen Sie vielleicht nicht, und umgekehrt. Experimentieren Sie daher ein wenig. Selbst wenn Sie einige Mischungen bekommen, die nicht Ihren Geschmack treffen, schaden sie Ihnen kaum, sondern können im Gegenteil sogar recht nahrhaft sein. Beim nächsten Mal können Sie sie ja dann abändern.

Wir geben also den geriebenen Apfel auf das Gericht, und darüber verteilen wir zwei, drei oder vier Eßlöffel Kohlmischung. Dann nehmen wir die feine Raspel und raspeln etwa einen oder zwei Teelöffel rohe Rüben, die wir über die Kohlmischung verteilen. Darüber streuen wir ein wenig Kräutersalz, dann drücken wir etwa einen Teelöffel oder weniger Zitronensaft über den Rüben aus. Wir garnieren das ganze mit einem Ring aus grünem Paprika, etwa ein Zentimeter oder schmaler, in dessen Mitte wir ein Stück Blumenkohl legen, und um dieses herum legen wir ein paar Scheiben frische Radieschen.

Wenn Sie keinen Mixer haben, hindert Sie das natürlich nicht daran, genau den gleichen Salat mit den gleichen Mischungen zu bereiten. Dann müssen Sie eben die verschiedenen Gemüse hacken oder raspeln, bis sie die Konsistenz haben, die Ihre Übung und Ihr Geschmack verlangen.

Während der Zubereitung dieses »Salates in Lagen« können Sie alle möglichen Gemüse und Früchte verwenden, die Ihnen zur Verfügung stehen, wobei Sie bei der Art und Weise der Zubereitung dasselbe Grundprinzip anwenden können.

Sie werden sich kaum hinsetzen, Ihren Bleistift kauen und sich fragen müssen: *»Laß mal sehen, was soll ich heute nehmen?«* Holen Sie einfach Ihr Gemüse aus dem Kühlschrank und nehmen Sie es, wie es kommt oder wie es Ihnen zusagt.

Mit ein wenig Übung werden Sie wahrscheinlich, noch bevor Sie es merken, imstande sein, ein Salat-Meisterwerk zu schaffen. Sie haben keine Vorstellung davon, wie sehr diese Art zu essen den Haushalt vereinfacht. Sie wissen, wie unappetitlich es ist, eine Menge fettiges, schmutziges Geschirr abwaschen zu müssen. Unsere Art zu essen macht fast allen Unannehmlichkeiten dieser Art ein Ende.

Soßen für Salate können ebenso geschmackvoll wie nahrhaft zubereitet werden. Seien Sie erfinderisch, wenn Sie Ihre Kreationen zusammenstellen, und achten Sie darauf, nie Essig oder Pfeffer zu verwenden. Sie müssen wissen, daß Essig in Wirklichkeit Essigsäure ist und die Schleimhäute des Verdauungstrakts allmählich zerfressen kann. Bei Verwendung von Essig können leicht Geschwüre entstehen.

Pfeffer und ähnliche *starke Gewürze* können die gleiche Wirkung auf den Körper haben. Lassen Sie sich nicht von geschmacklichen Gewohnheiten täuschen. Wenn Sie Leute sehen, die offenbar vor Kraft strotzen, die ihre Mahlzeiten mit viel Essig und Pfeffer essen, dann können Sie sicher sein, daß irgendwann Geschwüre und andere Krankheitssymptome auftauchen.

Olivenöl ist überall erhältlich. Wenn Sie es mit Honig und Zitronensaft mischen, ergibt das eine sehr nahrhafte Soße. Ich benutze nie Zucker. Sie können, wenn Sie wollen, ein wenig Gemüsesalz hinzufügen.

Versuchen Sie einmal dieses Soßenrezept: 1/3 Tasse Olivenöl, 1/3 Tasse Zitronensaft. Dazu drei oder vier mittelgroße Tomaten, 1/4 Teelöffel Kräutersalz und 1/2 bis 1 Teelöffel Honig. Mischen Sie das ganze etwa zwei Minuten lang im Mixer. Fügen Sie etwa 1/2 Knoblauchzehe hinzu, wenn Sie gleich essen wollen, andernfalls bewahren Sie die Soße in einem irdenen Krug auf und legen Sie zur Geschmacksabrundung zwei ganze Knoblauchzehen hinein, ohne sie zu schälen.

Eine weitere gute Soße können Sie zubereiten, wenn Sie eine Avocado schälen, den Kern entfernen und sie in einer Schüssel in kleine Stücke schneiden. Fügen Sie ein wenig heißes Wasser hinzu, etwa 1/2 Teelöffel pro Avocado, und zerdrücken Sie die Stückchen mit einer Gabel. Schneiden Sie ein paar grüne Zwiebeln hinein, fügen Sie etwa 1/2 Teelöffel Honig und etwas Kräutersalz hinzu und schlagen Sie das ganze entweder mit der Gabel oder mit einem Rührbesen.

Wenn Sie wollen, können Sie für je eine Avocado einen oder zwei Teelöffel saure oder süße Sahne mit etwas mehr Zitrone dazugeben. Vergessen Sie nie: Wenn man Stärke oder Zucker während einer Mahlzeit ißt, die auch Zitrone oder eine andere saure Frucht enthält, bilden sich Gase im Körper.

Ich habe Ihnen hier keine Fülle von Menus vorgestellt, weil Sie eine Menge davon, passend für jede Gelegenheit, in meinem Buch *»Täglich frische Salate erhalten Ihre Gesundheit«* finden können.*

Desserts

Desserts können ebenso köstlich wie überraschend sein, wenn man sie in einem Mixer zubereitet. Ein Beispiel: Geben Sie etwa eine Tasse Karottensaft in den Mixer. Fügen Sie eine Banane hinzu, die in große Scheiben geschnitten ist. Ebenso zwei gehäufte Teelöffel geriebene, ungesalzene Mandeln, zwei oder drei gehäufte Teelöffel eingeweichte Rosinen, drei oder vier eingeweichte Feigen und zwei, drei oder vier Teelöffel Sahne. Rühren Sie das ganze etwa zwei Minuten oder länger im Mixer um; servieren Sie es in einer Dessertschale und, wenn gewünscht, mit etwas Schlagsahne.

---

* Lesen Sie das Kapitel über Essig in meinem Buch *»Frische Frucht- und Gemüsesäfte«*. Es empfiehlt sich, nur Apfelessig zu verwenden, und das Buch sagt Ihnen auch warum!

Kapitel 26
Werden wir gemeinsam jünger!

Abschließend möchte ich Sie warnen: Das Jüngerwerden ist ein langsamer Prozeß, der *Geduld und Beharrlichkeit* erfordert. Sie können über Nacht alt werden, aber Sie können nicht jünger werden, solange Sie nicht den Schaden wiedergutgemacht haben, der in einer langen Zeit falschen Essens, falscher Lebensweise und falschen Denkens entstanden ist.

Falsches Essen bedeutet, etwas zu essen oder zu trinken, was die Zellen und Gewebe des Körpers nicht mit Leben versorgt. Da wir nicht zur selben Zeit lebendig und tot sein können und da übermäßige Hitze – das heißt Hitze über 37 Grad – das Leben in unserer Natur zerstört, ist es offensichtlich, daß gekochte und verarbeitete Nahrung zwar unser Leben erhält, daß sie dies aber auf Kosten einer ständigen Regeneration unseres Körpers bewirkt. Sie kann kein Leben in den Körper bringen.

Leben muß aus natürlichen, rohen Früchten, Salaten und Gemüsen und ihren frischen rohen Säften kommen. Ich habe herausgefunden, daß man einen recht großen Teil der Zeit einsparen kann, die für eine Verjüngung erforderlich ist: Frische, rohe Säfte beschleunigen den Prozeß.

Je schneller wir aber den Körper verjüngen möchten, desto stärker können unsere Reaktionen darauf sein. Darum müssen wir diesen Prozeß und diese Reaktionen verstehen, und vor allem dürfen wir uns nie entmutigen lassen. Die Natur kennt verborgene Wege. Wenn wir der Natur Werkzeuge geben, mit denen sie arbeiten kann, und uns vorbehaltlos ihrer Führung anvertrauen, wird sie uns nicht enttäuschen. Es kann sein, daß sie in unserem Organismus mehr Dinge findet, die berichtigt werden müssen, als wir uns vorstellen können. Aber wenn wir darauf vertrauen, daß sie alles der Reihe nach heilt, wird sie Wunderbares für uns leisten, und sie wird uns helfen, jünger zu werden.

Denken wir ferner daran, daß es uns jedesmal zurückwerfen kann, wenn wir unserem Appetit und unseren Begierden ohne Rücksicht auf die Folgen nachgeben. Wollen wir die Befriedigung des Augenblicks, ohne Rücksicht auf den Schaden, auf die Sorgen und auf die Reue danach? Das ist die Frage, die jeder von uns ständig für sich selbst beantworten muß.

Falsches Leben bedeutet, ohne vernünftigen Sinn und Zweck dahinzuleben oder zu existieren. Wir können nicht allein für uns selbst leben, obwohl das Ich das wichtigste Element unserer Existenz ist. Solange wir nicht zuerst, hauptsächlich und zuletzt auf uns selbst achten, können wir weder für uns selbst noch für andere von Nutzen oder von Wert sein.

Darum muß unsere erste Sorge uns selbst gelten. Die Fürsorge und Aufmerksamkeit, die wir unserem materiellen, seelischen und geistigen Körper zuwenden, wird dem Rest der Welt unseren Wert widerspiegeln. Wenn wir es versäumen, für unsere eigene »Trinität« – unseren materiellen, seelischen und geistigen Körper – zu sorgen und sie zu entwickeln, werden wir für uns und den Rest der Welt bald nutzlos sein. Wir werden auf Senilität und Verfall zusteuern.

Wir müssen lernen, zu leben und gleichzeitig von unseren materiellen, seelischen und geistigen Gewinnen alles zum Wohle anderer abgeben, was wir abgeben können. Nur wenn wir geben, wachsen wir. Wenn wir mit Vernunft lernen, gewinnen wir an Wissen, und wenn wir dieses Wissen umsichtig verbreiten, werden wir erstaunt feststellen, daß wir dadurch noch mehr und größeres Wissen erwerben.

Wissen gleicht dem Samen der Pflanzen. Legen Sie ihn beiseite, und er ist am Ende wertlos. Pflanzen Sie ihn, pflegen und ernähren Sie ihn, und die ganze Nachbarschaft wird Ihre Blumen bestaunen und ihre Pracht genießen. So erhalten Sie noch mehr Samen, weil Sie den ursprünglichen gut verwendet haben.

Den »Zehnten« zu geben ist das hervorragendste Beispiel für dieses Prinzip. Behalten Sie alles für sich, was Sie erwerben, und Sie werden sich im Leben nur abplagen und damit zurechtkommen oder auch nicht. Geben Sie zehn Prozent oder mehr von dem, was Sie erwerben, als »Zehnten« für eine gute Sache, und fast wie durch Zauberei wird Ihr Reichtum zunehmen.

Denken Sie darum daran: Für das Wissen wie für alles andere gilt, daß wir geben müssen, um zu empfangen. Falsches Denken bedeutet, an Gedanken, die nicht konstruktiv sind, an Gedanken, die negativ sind, festzuhalten oder sie zu pflegen. Kein wahreres Wort wurde der Menschheit jemals gegeben als: *»Wie ein Mensch in seinem Herzen denkt, so ist er.«* Und glauben Sie nicht, daß dies nur für Männer gilt. Es gilt ebensosehr für Frauen.

Könnten wir doch nur ein Leben führen, ohne Schlechtes zu sehen, ohne Schlechtes zu tun und ohne Schlechtes zu denken – die meisten unserer Probleme würden verschwinden!

Da wir uns nun für's erste trennen, möchte ich Ihnen folgende Gedanken mitgeben: Beurteilen Sie den Inhalt dieses Buches nicht aufgrund Ihrer Kenntnisse dessen, was man essen und trinken sollte. Ich habe Ihnen auf diesen Seiten nur das mitgeteilt, was ich aus eigenem Wissen, eigener Erfahrung und eigener Beobachtung weiß.

Der Inhalt dieses Buches ist – bewußt oder unbewußt – seit dem Anfang aller Zeiten bekannt. Meine Forschungen brachten mir die Erkenntnis, daß alles Widrige im Leben die Folge menschlicher Torheit und Schwäche ist. Das Wissen um die Gesetze der Natur – nur ein Bruchteil davon kann auf diesen wenigen Seiten angesprochen werden – ist unzerstörbar.

Legen Sie dieses Buch nicht beiseite, damit die Silberfisch-chen und Mäuse sein Papier fressen. Das ist das einzige an die-sem Buch, was verdaulich ist. Sein gedrucktes Wort ist unzer-störbar, und Sie werden vielleicht Ihr Gedächtnis hin und wie-der auffrischen wollen. Darum legen Sie es dorthin, wo Sie, Ihre Familie und Ihre Freunde es sehen und vielleicht aus eini-gen Worten, Sätzen oder Seiten, die ich Ihnen zur Beachtung empfohlen habe, ein kleines bißchen Nutzen ziehen können.

Denken Sie daran: Wenn Sie sprechen, wiederholen Sie, was Sie wissen. Wenn Sie lesen und wenn Sie zuhören, können Sie sehr oft etwas lernen.

Eine leere Schachtel macht eine Menge Lärm, wenn nur ein Kieselstein darin ist; aber wenn sie voll ist, ist sie still und schwer. Mit dem Kopf des Menschen ist es genauso.

Ich werde nie vergessen, was ich als Achtzehn- oder Neun-zehnjähriger hörte. Es war einer der Meilensteine in meinem Leben: *»Je mehr du zu wissen glaubst, desto mehr solltest du zuhören.«*

Über den Autor

Eine gute Gesundheit ist nicht vom Alter abhängig. Während der über siebzigjährigen Tätigkeit auf den Gebieten der Gesundheit und Ernährung hat *Dr. Norman W. Walker* bewiesen, daß gutes Wohlbefinden und ein langes Leben Hand in Hand gehen können.

Erst heute entdecken einige fortschrittliche Mediziner und Ernährungsfachleute die Wahrheiten, die *Dr. Walker* bereits während seines Lebens gekannt und dargelegt hat. *Dr. Walker* selbst war der lebende Beweis dafür, daß man durch richtige Ernährung, seelische Ausgeglichenheit und Hygiene ein längeres, gesünderes Leben erreichen kann. *Dr. Walkers* Ernährungs- und Gesundheitsprogramme sind einfach und leicht durchführbar. Sie basieren nicht auf »Wunderdiäten« oder »revolutionären« Erfindungen!

Schon um die Jahrhundertwende begann *Dr. Walker* in London sich für eine gesündere Lebensführung zu interessieren. Als junger Mann hatte er sich überlastet und wurde ernstlich krank. Da alle ärztlichen »Künste« nichts halfen, ging *Dr. Walker* neue Wege und wurde wieder gesund. Seit dieser Zeit verbrachte er seine Zeit damit, die Ursachen für Krankheit und Gesundheit der Menschen zu erforschen und sie zu einem längeren Leben zu führen.

1910 gründete *Dr. Walker* in New York das Norwalk-Laboratorium für Ernährung und Forschung und hat seitdem wichtige Beiträge für ein längeres, aktives Leben geleistet. Sein größter

Beitrag war die Entdeckung des therapeutischen Wertes von Obst- und Gemüsesäften im Jahre 1930. Seit dieser Zeit sind frischgepreßte Säfte in den Haushalten von USA und vielen anderen Ländern nicht mehr wegzudenken. *(Leider werden heute fast ausschließlich Fabriksäfte getrunken, die eher schaden als nutzen)*.

Dr. Walker hat seine Forschungen bis zu seinem kürzlichen Tode im 116. Lebensjahr weitergeführt und sich schriftstellerisch betätigt. Sein letztes Buch *»Einfache Gewichtskontrolle«* schrieb er noch im Alter von 113 Jahren.

Dr. Walker kann wohl als der erfahrenste und produktivste Ernährungswissenschaftler der Welt bezeichnet werden. Unzählige Beiträge wurden von ihm in Zeitschriften veröffentlicht, und er hat viele Bücher geschrieben.

Noch im hohen Alter sagte *Dr. Walker: »Ich kann wahrheitsgemäß sagen, daß ich mir meines Alters niemals bewußt bin. Seitdem ich erwachsen bin, habe ich nie das Gefühl gehabt, älter zu sein, und ich kann ohne Vorbehalt sagen, daß ich mich heute lebendiger fühle als im Alter von 30 Jahren. Ich denke nicht an Geburtstage, und ich feiere sie auch nicht. Noch heute kann ich voller ehrlicher Überzeugung sagen, daß ich mich einer strahlenden Gesundheit erfreue. Es stört mich überhaupt nicht, Leuten mein Alter zu sagen. Ich bin alterslos!«*

Literaturhinweise

Atkins, Robert C./Buff, Sheila: Forever young mit der Atkins-Diät. Goldmann Verlag 2001.

Beckenbach, Frank: Fit – aber richtig! Fitness im besten Alter. Meyer & Meyer Verlag 1996.

Bresser, Harald: Jung – für immer. Hirzel Verlag 2001.

Buchinger, Otto: Älter werden ohne zu altern. Medizinverlage Heidelberg 1996.

Diamond, Harvey u. Marilyn: Fit fürs Leben – Fit for Life. Goldmann Verlag 2001.

Dies.: Fit fürs Leben – Fit for Life, 2. Goldmann Verlag 2001.

Diamond, Marilyn: Fit fürs Leben – Das Fit-for-Life-Kochbuch. Goldmann Verlag 2001.

Diamond, Marilyn/Schnell, D. B.: Fitonics fürs Leben. Goldmann Verlag 1998.

Greulich, Georg: Jünger werden, länger leben. Wachenberg Verlag 1995.

Hoffbauer, Gabi: Älter werden nur die anderen. Hugendubel Verlag 2001.

Jensen, Bernard. Der Fruchtsaft-Doktor. Goldmann Verlag 2002.

Keppler, Hermann: Gesund und fit bis ins hohe Alter. Wirtschaftsverlag 1991.

Kuhn, Waltraud: Fit und beweglich ins Alter. Don Bosco Medien 1999.

Mezei, Hannelore: Jung ab 40. Goldmann Verlag 2001.

Novotny, Ulrike: Fit und gesund ins Alter. Com Med Verlag 1998.

Schmid, Otto: Fit über 50. Gesundheit bis ins hohe Alter. Uhlen Verlag 1986.

Schneidrzik, Willy E.: Älter werden – na und? Der Gesundheits-Ratgeber für Senioren. Urban und Fischer Verlag 2000.

Sebastian, Robert: In 7 Schritten 10 Jahre jünger werden. Herbig Verlag 2000.

Stichwortverzeichnis